The LITTLE BLACK *Ukulele* SONGBOOK

T0079248

ISBN: 978-1-5400-4204-0

HAL•LEONARD®

Visit Hal Leonard Online at
www.halleonard.com

Contact us:
Hal Leonard
7777 West Bluemound Road
Milwaukee, WI 53213
Email: info@halleonard.com

In Europe, contact:
Hal Leonard Europe Limited
42 Wigmore Street
Marylebone, London, W1U 2RY
Email: info@halleonardeurope.com

In Australia, contact:
Hal Leonard Australia Pty. Ltd.
4 Lentara Court
Cheltenham, Victoria, 3192 Australia
Email: info@halleonard.com.au

1234

Words & Music by Feist & Sally Seltmann

D5   D5/C#   Bm   G   D   Em   A

Intro | D⁵ D5/C♯ | Bm G | D⁵ D5/C♯ | Bm G ‖

Verse 1
D⁵   D5/C♯   Bm   G
One, two, three, four, tell me that you love me more.
D⁵   D5/C♯   Bm   G
Sleepless long nights, that is what my youth was for.
D   Em   Bm   G
Old teen - age hopes are a - live at your door,
D   Em   Bm   G
Left you with nothing but they want some more.

Chorus 1
A   G
Oh, oh, oh, you're changing your heart.
A   G
Oh, oh, oh, you know who you are.

Verse 2
D⁵   D5/C♯   Bm   G
Sweetheart, bitter heart, now I can tell you apart.
D⁵   D5/C♯   Bm   G
Cosy and cold, put the horse be - fore the cart.
D   Em   Bm   G
Those teen - age hopes who have tears in their eyes,
D   Em   Bm   G
Too scared to own up to one lit - tle lie.

Chorus 2   As Chorus 1

Bridge 1

| | D5 | D5/C♯ | Bm | G |

One, two, three, four, five, six, nine or ten,

| | D5 | D5/C♯ | Bm | G | D5 |

Money can't buy you back the love that you had then.

| D5 D5/C♯ | Bm G | D5 D5/C♯ | Bm G | |

(then.)

| | D5 | D5/C♯ | Bm | G |

One, two, three, four, five, six, nine or ten,

| | D5 | D5/C♯ | Bm | G | (D5) |

Money can't buy you back the love that you had then.

| D5 D5/C♯ | Bm G | D5 D5/C♯ | Bm G ‖

(then.)

Chorus 3

| | A | | G |

Oh, oh, oh, you're changing your heart.

| | A | | G |

Oh, oh, oh, you know who you are.

| | A | | G |

Oh, oh, oh, you're changing your heart.

| | A | | G | D Em Bm G |

Oh, oh, oh, you know who you are._____

       D Em Bm G

Who you are.____

Interlude

‖: D5 Em | Bm G | D5 Em | Bm G :‖ *Play 3 times*

Outro

D Em Bm

For,

G   D   Em Bm G

For the teen - age boys,

              D   Em Bm

They're breaking your heart.

G   D   Em Bm G

For the teen - age boys,

              D   D5/C♯ Bm G

They're breaking your heart.

| D5 D5/C♯ | Bm G | D | ‖

Ain't No Sunshine

Words & Music by Bill Withers

Am⁷   Em⁷   G⁷   Dm⁷

Verse 1

N.C   Am⁷   Em⁷ G⁷
Ain't no sunshine when she's___ gone
Am⁷   Em⁷ G⁷
    It's not warm when she's a - way
Am⁷   Em⁷
    Ain't no sunshine when she's gone
                          Dm⁷
And she always gone too long
                       Am⁷   Em⁷ G⁷
Anytime she goes a - way.

Verse 2

Am⁷   Em⁷ G⁷
    I wonder this time where she's gone
Am⁷   Em⁷ G⁷
    I wonder if she's gone to stay
Am⁷   Em⁷
    Ain't no sunshine when she's gone
                          Dm⁷
And this house just ain't no home
                       Am⁷   Em⁷ G⁷
Anytime she goes a-way.

Link

Am⁷
    And I know, I know, I know, I know, I know...

| (Am⁷) | (Am⁷) | (Am⁷) | (Am⁷)

                                               (Em⁷)
Hey, I oughtta leave the young thing a - lone but
          (Dm⁷)   Am⁷ Em⁷ G⁷
Ain't no sunshine when she's gone whoa.___

Am⁷   **Em⁷ G⁷**
   Ain't no sunshine when she's___ gone

Am⁷   **Em⁷ G⁷**
   Only darkness every - day

Am⁷   **Em⁷**
   Ain't no sunshine when she's gone___

                     Dm⁷
And this house just ain't no home

            Am⁷   **Em⁷ G⁷**
Anytime she goes a - way

Am⁷   **Em⁷ G⁷**
   Anytime she goes a - way

Am⁷   **Em⁷ G⁷**
   Anytime she goes a - way

Am⁷   **Em⁷ G⁷** | **Am⁷**
   Anytime she goes a - way.

Alison

Words & Music by Elvis Costello

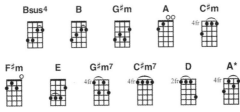

Intro | Bsus⁴ B | G♯m A C♯m B | F♯m G♯m | G♯m B ‖

Verse 1
               A   E
Oh it's so funny to be seeing you after so long girl,

             A
And with the way you look I understand

        G♯m7   C♯m7   B
      that you were not im - pressed,

A   G♯m7   C♯m7
    But I heard you let that little friend of mine

D   Bsus⁴ B
    Take off your party dress.

A   G♯m7   C♯m7
    I'm not going to get too senti - mental

B   A   G♯m7 C♯m7 B
Like those other sticky valentines.

A   G♯m7   C♯m7
   'Cause I don't if you are loving some - body

D   Bsus⁴ B
I only know, it isn't mine.

Chorus 1
A   E   G♯m A*   C♯m   B   F♯m G♯m G♯m7 C♯m7
Ali - son, I   know this   world is   kill - ing you,

B   A   E   A   B   E
Oh Ali - son,   my aim is true.

Verse 2

A   E
Well I see you've got a husband now,

      A
Did he leave your pretty fingers

     G#m7   C#m7 B
Lying in the wedding cake?

A   G#m7 C#m7
You used to hold him right in your hand.

              D   Bsus4 B
I'll bet he took all he could take.

A   G#m7 N.C.   C#m7
Sometimes I wish that I could stop   you from talking

B   A   G#m7 C#m7 B
When I hear the silly things that you say.

A   G#m7   C#m7
I think somebody better put out the big light,

             D   Bsus4 B
'Cause I can't stand to see you this way.

Chorus 2

A   E   G#m A˚   C#m   B   F#m G#m G#m7 C#m7
Ali - son, I   know this   world is   kill - ing   you,

B   A   E   A   B   E   A
Oh Ali - son, my aim is true.

Outro

‖: D   B   E   A :‖ *Repeat to fade*
    My aim is true.

All Along The Watchtower

Words & Music by Bob Dylan

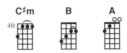

To match recording tune ukulele down a semitone

Intro   ‖: C♯m B │ A   B │ C♯m B │ A   B :‖

Verse 1
C♯m   B   A   B
   "There must be some way out of here,"
C♯m   B   A   B
   Said the joker to the thief,
C♯m   B   A   B
   "There's too much confusion,
C♯m   B   A   B
   I can't get no relief.
C♯m   B   A   B
   Businessmen, they drink my wine,
C♯m   B   A   B
   Plowmen   dig my earth,
C♯m   B   A   B
   None of them along the line
C♯m   B   A   B
   Know what any of it is worth."

Link 1   ‖: C♯m B │ A   B │ C♯m B │ A   B :‖

Verse 2
C♯m   B   A   B
   "No reason to get excited,"
C♯m   B   A   B
   The thief he kindly spoke,
C♯m   B   A   B
   "There are many here among us
C♯m   B   A   B
   Who feel that life is but a joke.

cont.

C♯m   B   A   B
But you and I, we've been through that

C♯m   B   A   B
And this is not our fate,

C♯m   B   A   B
So let us not talk falsely now,

C♯m   B   A   B
The hour is getting late."

Link 2   ‖: C♯m B | A   B | C♯m B | A   B :‖

Verse 3

C♯m   B   A   B
All along the watchtower

C♯m   B   A   B
Princes kept the view

C♯m   B   A   B
While all the women came and went,

C♯m   B   A   B
Barefoot servants, too.

C♯m   B   A   B
Outside in the distance

C♯m   B   A   B
A wildcat did growl,

C♯m   B   A   B
Two riders   were approaching,

C♯m   B   A   B
The wind began to howl.

Coda | C♯m B | A   B | C♯m B | A   B |

             | C♯m B | A   B | C♯m   ‖

All I Have To Do Is Dream

Words & Music by Boudleaux Bryant

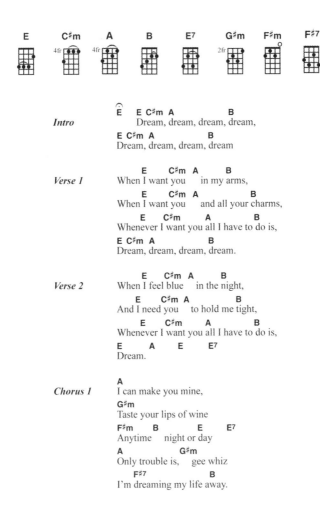

Intro

  E   E C♯m A   B
Dream, dream, dream, dream,

E C♯m A   B
Dream, dream, dream, dream

Verse 1

         E   C♯m A   B
When I want you   in my arms,

         E   C♯m A   B
When I want you   and all your charms,

         E   C♯m   A   B
Whenever I want you all I have to do is,

E C♯m A   B
Dream, dream, dream, dream.

Verse 2

         E   C♯m A   B
When I feel blue   in the night,

         E   C♯m A   B
And I need you   to hold me tight,

         E   C♯m   A   B
Whenever I want you all I have to do is,

        E   A   E   E7
Dream.

Chorus 1

A
I can make you mine,

G♯m
Taste your lips of wine

F♯m   B   E   E7
Anytime   night or day

A   G♯m
Only trouble is,   gee whiz

      F♯7   B
I'm dreaming my life away.

14

Verse 3

E   C#m A   B
I need you so   that I could die,

E   C#m A   B
I love you so   and that is why,

      E   C#m   A   B
Whenever I want you all I have to do is

E C#m A   B
Dream, dream, dream, dream,

E   A   E   E7
Dream.

A
I can make you mine,

Chorus 2

G#m
Taste your lips of wine

F#m   B   E   E7
Anytime   night or day

A   G#m
Only trouble is,   gee whiz

    F#7   B
I'm dreaming my life away.

E   C#m A   B
I need you so   that I could die,

Verse 4

E   C#m A   B
I love you so   and that is why,

      E   C#m   A   B
Whenever I want you all I have to do is

E C#m A   B
Dream, dream, dream, dream,

‖: E C#m A   B   :‖
Dream, dream, dream, dream.   *Repeat to fade*

15

Always On My Mind

Words & Music by Mark James, Wayne Thompson & Johnny Christopher

Original recording in D

Intro | G | D | Em | Asus⁴   A ‖

Verse 1

D   A
   Maybe I didn't love you,

Bm   Bm⁷   G   A
   Quite often   as I could have.

D   A
   And maybe I didn't treat you,

Bm   Bm⁷   E
   Quite as good   as I should have.

G   D
   If I made you feel   second best,

G   Gmaj⁷   Em   G
   Girl I'm sorry I was blind.

A   Bm   A   D   Em   D
   You were always on   my mind,

G   A   D   G A
   You were always on my mind.

Verse 2

D   A
   And maybe I didn't hold you,

Bm   Bm⁷   G   A
   All those lonely, lonely times.

D   A
   I guess I never told you,

Bm   Bm⁷   E
   I'm so happy that you're mine.

16

cont.

G   D
Little things I should have said and done,

G   Gmaj7   Em   G
I just never took the time.

A   Bm   A   D   Em   D
You were always on my mind,

G   A   D   G A
You were always on my mind.

Middle

D   A   Bm   Bm7
Tell   me,

G   Gmaj7   Em   A
Tell me that your sweet love hasn't died.

      D   A   Bm   Bm7
And give   me,

              G   Gmaj7   Em
Give me one more chance to keep you satis - fied,

A   (D)
I'll keep you satis - fied.

Guitar solo

| D | A | Bm Bm7 | G   A |

| D | A | Bm Bm7 | E   ‖

Verse 3

G   D
Little things I should have said and done.

G   Gmaj7   Em   G
I just never took the time.

A   Bm   A   D   Em   D
You were always on my mind,

G   A   D
You were always on my mind.

Outro

A   Bm   A   D   Em   D
You were always on my mind,

G   A   D
You were always on my mind.

17

American Pie

Words & Music by Don McLean

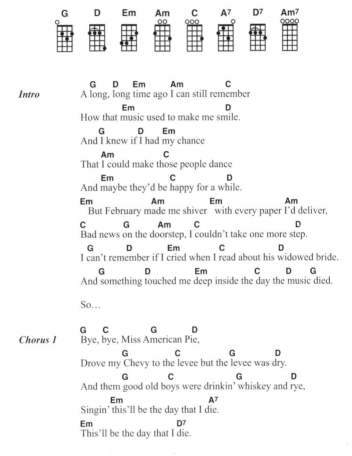

G   D   Em   Am   C   A7   D7   Am7

Intro

      G   D Em   Am   C
A long, long time ago I can still remember
            Em   D
How that music used to make me smile.
     G   D   Em
And I knew if I had my chance
      Am   C
That I could make those people dance
     Em   C   D
And maybe they'd be happy for a while.
Em   Am   Em   Am
   But February made me shiver   with every paper I'd deliver,
C   G   Am   C   D
Bad news on the doorstep, I couldn't take one more step.
G   D   Em   C   D
I can't remember if I cried when I read about his widowed bride.
     G   D   Em   C   D   G
And something touched me deep inside the day the music died.

So…

Chorus 1

      G C   G   D
Bye, bye, Miss American Pie,
               G   C   G   D
Drove my Chevy to the levee but the levee was dry.
             G   C   G   D
And them good old boys were drinkin' whiskey and rye,
         Em   A7
Singin' this'll be the day that I die.
Em   D7
This'll be the day that I die.

Verse 1

    G   **Am7**
Did you write the book of love

      C   **Am7**   **Em**   **D**
And do you have faith in God above, if the Bible tells you so?

        G   **D**   **Em**   **Am7**   **C**
Now do you believe in rock and roll, can music save your mortal soul,

    Em   **A7**   **D**
And can you teach me how to dance real slow?

     Em   **D**
Well I know that you're in love with him

     Em   **D**
'Cause I   saw you dancin' in the gym.

    C   **G**   **A7**   **C**   **D7**
You both kicked off your shoes, man, I dig those rhythm and blues.

      G   **D** **Em**
I was a lonely teenage broncin' buck

      Am7   **C**
With a pink carnation and a pickup truck.

     G   **D**   **Em**   **C**   **D7**   **G** **C**
But I knew I was out of luck the day the music died.

G   **D**
I started singing…

Chorus 2   As Chorus 1

Verse 2

       G   **Am7**
Now, for ten years we've been on our own

     C   **Am7**   **Em**   **D**
And moss grows fat on a rolling stone but that's not how it used to be.

        G   **D**   **Em**
When the jester sang for the King and Queen

    Am7   **C**
In a coat he borrowed from James Dean,

    Em   **A7**   **D**
And a voice that came from you and me.

      Em   **D**
Oh, and while the King was looking down

     Em   **D**
The jester stole his thorny crown,

    C   **G**   **A7**   **C**   **D7**
The courtroom was adjourned, no verdict was returned.

       G   **D**   **Em**   **Am7**   **C**
And while Lennon read a book on Marx, the quartet practiced in the park,

       G   **D**   **Em**   **C**   **D7**   **G** **C**
And we sang dirges in the dark the day the music died.

G   **D**
  We were singing…

19

      As Chorus 1

Verse 3

     G   **Am7**
Helter-skelter in a summer swelter,
       C   **Am7**
The Byrds flew off with a fallout shelter.
Em   **D**   **G**   **D**   **Em**
   Eight miles high and fallin' fast, it landed foul out on the grass,
     Am7   **C**
The players tried for a forward pass   .
        Em   **A7**   **D**
With the jester on the sidelines in a cast.
       Em   **D**
Now the half-time air was sweet perfume
       Em   **D**
While the sergeants played a marching tune.
C   **G**   **A7**   **C**   **D7**
We all got up to dance, oh, but we never got the chance.
         G   **D**   **Em**
'Cause the players tried to take the field,
   Am7   **C**   **G**   **D**   **Em**
The marching band refused to yield, do you recall what was revealed
    C   **D7**   **G** **C** **G**   **D**
The day the music died?   We started singin'...

Chorus 4   As Chorus 1

Verse 4

     G   **Am7**
Oh, and there we were all in one place,
  C   **Am7**   **Em**   **D**
A generation lost in space with no time left to start again.
         G   **D**   **Em**
So come on, Jack be nimble, Jack be quick,
Am7   **C**   **Em**   **A7**   **D**
Jack Flash sat on a candlestick 'cause fire is the devil's only friend.
   Em   **D**
Oh, and as I watched him on the stage
   Em   **D**
My hands were clenched in fists of rage.
C   **G**   **A7**   **C**   **D7**
No angel born in hell could break that Satan's spell.
        G   **D**   **Em**
And as the flames climbed high into the night
   Am7   **C**   **G**   **D**   **Em**
To light the sacrificial rite, I saw Satan laughing with delight,
    C   **D7**   **G** **C** **G**   **D**
The day the music died.   He was singin'...

20

Chorus 5   As Chorus 1

Verse 5

G   D   Em   Am   C
I met a girl who sang the blues and I asked her for some happy news,

Em   D
But she just smiled and turned away.

G   D   Em
I went down to the sacred store

G   Am   G C
Where I'd heard the music years before

Em   C   D
But the man there said the music wouldn't play.

Em   Am
And in the streets the children screamed,

Em   Am
The lovers cried and the poets dreamed

C   G   Am   G   C   Am D
But not a word was spoken, the church bells all were broken.

G   D   Em
And the three men I admire most,

Am   D
The Father, Son and the Holy Ghost,

G   D   Em   C   D   G
They caught the last train for the coast, the day the music died.

And they were singin'....

Chorus 6   As Chorus 1

Chorus 7

                       G   C   G   D
They were singin', Bye, bye, Miss American Pie,

           G   C   G   D
Drove my Chevy to the levee but the levee was dry.

           G   C   G   D
And them good old boys were drinkin' whiskey and rye,

      C   D   G C G
Singin' this'll be the day that I die.

Angels

Words & Music by Robbie Williams & Guy Chambers

Verse 1

          E
      I sit and wait,

                              Asus²   A   Amaj⁷   B
Does an angel contemplate my fate?

                E
And do they know

The places where we go

                          Asus²   A   Amaj⁷   B
When we're grey and old? _____

               F♯m⁷
'Cause I have been told

       A   **C♯m⁷**   **A**
That salva-tion lets their wings unfold.

             D
So when I'm lying in my bed,

       A
Thoughts running through my head

          E
And I feel that love is dead,

D   **A**   **E**
   I'm loving angels instead.

Chorus 1

                 B
And through it all _

                  C♯m⁷
She offers me protection,

             A
A lot of love and affection,

Asus²   **E**
Whether I'm right or wrong.

cont.

                               B
And down the waterfall, ＿

                   C♯m7
Wherever it may take me,

                      A
I know that life won't break me,

Asus2   **E**
When I come to call.

             F♯m
She won't forsake me,

Dsus2   **A**   **E**
  I'm loving angels instead.

Verse 2

     (E)
When I'm feeling weak,

                             Asus2   **A** **Amaj7** **B**
And my pain walks down a one way street,

          E
I look above

                           Asus2   **A** **Amaj7** **B**
And I know I'll always be blessed   with love.

      D
And as the feeling grows,

        A
She brings flesh to my bones,

     E
And when love is dead,

Dsus2   **A**   **E**
  I'm loving angels instead.

Chorus 2   As Chorus 1

Guitar solo   ‖: **Bm** | **A6** | **E** | **E**   :‖ *Play 3 times*

               | **Bm** | **A6** | **E**   ‖

Chorus 3   As Chorus 1

The A Team

Words & Music by Ed Sheeran

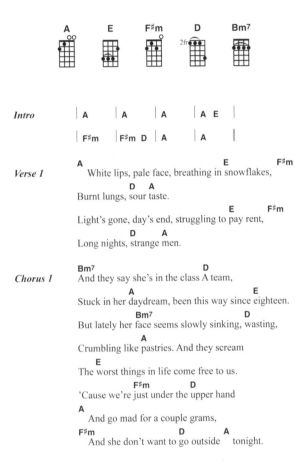

Intro

| A | A | A | A E |
| F♯m | F♯m D | A | A |

Verse 1

A   E   F♯m
 White lips, pale face, breathing in snowflakes,

       D A
Burnt lungs, sour taste.

            E   F♯m
Light's gone, day's end, struggling to pay rent,

       D A
Long nights, strange men.

Chorus 1

Bm⁷   D
And they say she's in the class A team,

        A   E
Stuck in her daydream, been this way since eighteen.

        Bm⁷   D
But lately her face seems slowly sinking, wasting,

         A
Crumbling like pastries. And they scream

  E
The worst things in life come free to us.

        F♯m   D
'Cause we're just under the upper hand

A
 And go mad for a couple grams,

F♯m   D   A
 And she don't want to go outside tonight.

cont.

      F♯m   D

And in a pipe she flies to the Motherland

A

  Or sells love to another man.

F♯m   D   A   E   F♯m D A

  It's too cold   outside   for angels to fly,

        F♯m D A

Angels to fly.

Verse 2

A   E   F♯m

Ripped gloves, raincoat, tried to swim and stay afloat,

      D   A

Dry house, wet clothes.

                             E   F♯m

Loose change, bank notes, weary-eyed, dry throat,

      D   A

Call girl, no phone.

Chorus 2

Bm⁷   D

And they say she's in the class A team,

          A   E

Stuck in her daydream, been this way since eighteen.

        Bm⁷   D

But lately her face seems slowly sinking, wasting,

          A

Crumbling like pastries. And they scream

 E

The worst things in life come free to us.

        F♯m   D

'Cause we're just under the upper hand

A

  And go mad for a couple grams,

F♯m   D   A

  And she don't want to go outside   tonight.

       F♯m   D

And in a pipe she flies to the Motherland

A

  Or sells love to another man.

F♯m   D   A   Bm⁷

  It's too cold   outside   for angels to fly.

Bridge

Bm⁷   D   F♯m
An angel will die covered in white,

              A
Closed eyed and hoping for a better life.

Bm⁷   D
This time, we'll fade out tonight,

                 (F♯m)
Straight down the line.

Instrumental   ‖: F♯m | D | A | A   :‖

Chorus 3

Bm⁷   D
And they say she's in the class A team,

          A   E
Stuck in her daydream, been this way since eighteen.

             Bm⁷   D
But lately her face seems slowly sinking, wasting,

            A
Crumbling like pastries. And they scream

   E
The worst things in life come free to us.

         F♯m   D
And we're all under the upper hand

A
  And go mad for a couple grams,

F♯m   D   A
  And we don't want to go outside   tonight.

         F♯m   D
And in the pipe fly to the Motherland

A
  Or sell love to another man.

F♯m   D   A   E   F♯m D A
  It's too cold   outside   for angels to fly,

               F♯m D A
Angels to fly,____

             F♯m D   A
To fly,____   fly,____

               F♯m D   A
For angels to fly, to fly, to fly,

E   A
Angels to die.

Babylon

Words & Music by David Gray

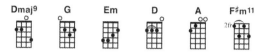

Dmaj9   G   Em   D   A   F♯m11

To match original recording tune ukulele up one semitone

Intro   ‖: Dmaj9 | G | Dmaj9 | G   :‖

Verse 1
Dmaj9
Friday night an' I'm going nowhere,
G   **Dmaj9**   **G**
All the lights are changing green to red.
Dmaj9
Turning over T.V. stations,
G   **Dmaj9**   **G**
Situations running through my   head.
Dmaj9
Looking back through time, you know,
     G   **Dmaj9**   **G**
It's clear that I've been blind, I've been a fool
     Dmaj9   **G**
To open up my heart to all that jealousy,
                    Dmaj9   **G**   **Em**
That bitterness, that   ridicule.

Verse 2
Dmaj9
Saturday I'm running wild
     G   **Dmaj9**   **G**
An' all the lights are changin', red to green.
Dmaj9
Moving through the crowds, I'm pushin',
G   **Dmaj9**   **G**
Chemicals are rushing in my bloodstream.

cont.

Dmaj⁹
Only wish that you were here,

          G   **Dmaj⁹**   **G**
You know I'm seein' it so clear; I've been afraid

Dmaj⁹
To show you how I really feel,

  G   **Dmaj⁹**   **G**
Admit to some of those bad mistakes I've made.

Chorus 1

D   **A**   **Em**   **F♯m¹¹**
And if you want it, come an' get it, for cryin' out loud.

D   **A**   **Em** **G**
The love that I was givin' you was never in doubt.

D   **A**   **Em**   **A**
Let go of your heart, let go of your head, and feel it now.

D   **A**   **Em**   **A**
Let go of your heart, let go of your head, and feel it now.

Dmaj⁹   **G**
Babylon,

Dmaj⁹   **G**
Babylon,

Dmaj⁹   **G**   **Dmaj⁹** **G**
Babylon.

Verse 3

Dmaj⁹   **G**
Sunday, all the lights of London shining,

           Dmaj⁹   **G**
Sky is fading red to blue.

Dmaj⁹
Kickin' through the autumn leaves

  G   **Dmaj⁹**   **G**
And wonderin' where it is you might be going to.

Dmaj⁹
Turnin' back for home, you know,

  G   **Dmaj⁹** **G**
I'm feeling so alone, I can't believe.

Dmaj⁹   **G**
Climbin' on the stair I turn around

          Dmaj⁹ **G**
To see you smiling there in front of me.

Chorus 2

D | A | Em | F#m11
And if you want it, come and get it, for crying out loud,

D | A | Em | G
The love that I was giving you was never in doubt.

D | A | Em | A
Let go of your heart, let go of your head, and feel it now.

D | A | Em | A
Let go of your heart, let go of your head, and feel it now.

Chorus 3

D | A | Em | A
Let go of your heart, let go of your head, and feel it now.

D | A | Em | A
Let go of your heart, let go of your head, and feel it now.

Dmaj9 | G
Babylon,

Dmaj9 | G
Babylon,

Dmaj9 | G
Babylon,

Dmaj9 | G
Babylon,

Dmaj9 | G | Dmaj9
Babylon.

Blackbird

Words & Music by John Lennon & Paul McCartney

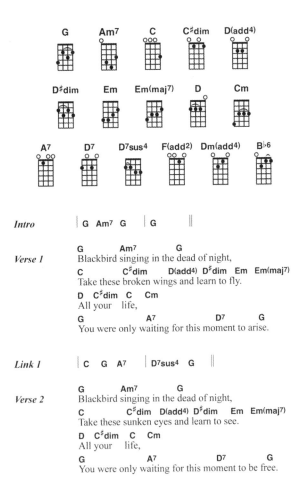

Intro | G Am⁷ G | G   ‖

Verse 1
        G   Am⁷   G
        Blackbird singing in the dead of night,
        C   C♯dim   D(add4) D♯dim Em Em(maj7)
        Take these broken wings and learn to fly.
        D C♯dim C Cm
        All your   life,
        G   A⁷   D⁷   G
        You were only waiting for this moment to arise.

Link 1 | C G A⁷ | D⁷sus4 G ‖

Verse 2
        G   Am⁷   G
        Blackbird singing in the dead of night,
        C   C♯dim D(add4) D♯dim   Em Em(maj7)
        Take these sunken eyes and learn to see.
        D C♯dim   C Cm
        All your   life,
        G   A⁷   D⁷   G
        You were only waiting for this moment to be free.

Bridge 1

F(add2) C   Dm(add4) C   B♭6 C
Black - bird,   fly. ___

F(add2) C   Dm(add4) C   B♭6 A7
Black - bird,   fly.

        D7sus4   G
Into the light of a dark black night.

Link 2

| G Am7 G | G | C C♯dim D(add4) D♯dim | Em Em(maj7) |
(night.)

| D C♯dim | C Cm | G A7 | D7sus4 G ‖

Bridge 2

F(add2) C   Dm(add4) C   B♭6 C
Black - bird,   fly. ___

F(add2) C   Dm(add4) C   B♭6 A7
Black - bird,   fly.

        D7sus4   G
Into the light of a dark black night.

Link 3

| G Am7 G | G | G | G |
(night.)

| G Am7 G | C G A7 | D7sus4 ‖

Verse 3

G   Am7   G
Blackbird singing in the dead of night,

C   C♯dim   D(add4) D♯dim Em Em(maj7)
Take these broken wings and learn to fly.

D C♯dim C   Cm
All your   life,

G   A7   D7sus4   G
You were only waiting for this moment to arise.

Coda

C   G   A7   D7sus4   G
You were only waiting for this moment to arise.

C   G   A7   D7sus4   G
You were only waiting for this moment to arise.

Blowin' In The Wind

Words & Music by Bob Dylan

To match original recording tune ukulele up one tone

Intro | C   ‖

Verse 1
C   F   G   C
How many roads must a man walk down
               F   C
Before you call him a man?
              F   G   C
How many seas must a white dove sail
              F   G
Before she sleeps in the sand?
          C   F   G   C
Yes, 'n' how many times must the cannon balls fly
              F   C
Before they're forever banned?

Chorus 1
          F   G   C   F
The answer, my friend, is blowin' in the wind,
              G   C
The answer is blowin' in the wind.

Link 1 | F G | C F | F G | C   ‖

Verse 2

```
            C        F          G              C
Yes, 'n' how many years can a mountain exist
         F        C
Before it is washed to the sea?
                    F            G            C
Yes, 'n' how many years can some people exist
                  F          G
Before they're allowed to be free?
         C        F        G          C
Yes, 'n' how many times can a man turn his head,
                    F          C
And pretend that he just doesn't see?
```

Chorus 2   As Chorus 1

Link 2 | F G | C F | F G | C   ‖

Verse 3

```
                  F          G        C
Yes 'n' how many times must a man look up
         F        C
Before he can see the sky?
                  F          G        C
Yes, 'n' how many ears must one man have
                F          G
Before he can hear people cry?
         C        F        G          C
Yes, 'n' how many deaths will it take till he knows
                  F                C
That too many people have died?
```

Chorus 3   As Chorus 1

Coda | F G | C F | F G | C   ▌

Blue Jeans

Words & Music by Emile Haynie, Elizabeth Grant & Daniel Heath

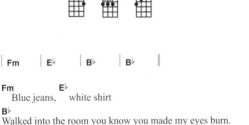

Intro
| Fm | E♭ | B♭ | B♭ |

Verse 1

Fm   E♭
Blue jeans,   white shirt

B♭
Walked into the room you know you made my eyes burn.

     Fm   E♭
It was like, James Dean,   for sure,

B♭
You're so fresh to death and sick as ca-cancer.

Fm   E♭
You were sort of punk rock, I grew up on hip hop,

        B♭
But you fit me better than my favourite sweater, and I know

Fm   E♭
    That love is mean,   and love hurts,

        B♭
But I still remember that day we met in December, oh baby.

Chorus 1

Fm   E♭   B♭
    I will love you till the end of time,

                  Fm
I would wait a million years.

              E♭   B♭
Promise you'll re - member that you're mine,

              Fm
Baby, can you see through the tears?

        E♭
Love you more   than those bitches before,

B♭   Fm
Say you'll remember, (oh baby) say you'll remember, (oh baby, hoo)

          E♭   B♭
I will love you till the end of time.

Verse 2

Fm   E♭
Big dreams, gangster,

B♭
Said you had to leave to start your life over.

       Fm   E♭
I was like, "No please,   stay here,

B♭
We don't need no money, we can make it all work."

          Fm   E♭
But he headed out on Sunday, said he'd come home Monday,

B♭
I stayed up waitin', anticipatin', and pacin',

          Fm   E♭
But he was chasing paper.

B♭
"Caught up in the game." - that was the last I heard.

Chorus 2   As Chorus 1

Bridge

Fm
    You went out every night and baby that's all right,

                                     E♭
I told you that no matter what you did I'd be by your side.

'Cause I'mma ride or die whether you fail or fly,

Well shit, at least you tried.

                           Fm
But when you walked out that door, a piece of me died,

I told you I wanted more, but that's not what I had in mind.

               E♭
I just want it like be - fore.

We were dancing all night, then they took you away,

                               N.C.
Stole you out of my life, you just need to re - member…

Chorus 3   As Chorus 1

Bridge Over Troubled Water

Words & Music by Paul Simon

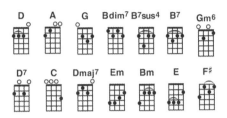

To match original recording tune ukulele up one semitone

Intro | D   A | G Bdim7 | D   B7sus4 B7 | G Gm6 |

| D   D7 | G | D   D7 | G ||

Verse 1

          D   G   D   G
When you're weary,   feeling small,

          C   G   Dmaj7   Em
When tears are in ____ your eyes

          D   G D G
I will dry them all. _____

D   A   Bm   A   D   Dmaj7
   I'm on   your side, oh when times get rough

D7   G E A
   And friends just can't be found,

D   A   G   Bdim7 D   B7sus4 B7
Like a bridge over   troubled water

G   F#   Bm
   I will lay me down,

D   A   G   Bdim7 D   B7sus4 B7
Like a bridge over   troubled water

G   F#   D   G
   I will lay me down. _____

Link 1 | D | G | D | G ||

Verse 2

        D   **G**
When you're down and out,

              D   **G**
When you're on the street,

   C **G** **D** **Dmaj⁷** **Em**
When evening falls _____ so hard

   D   **G**   **D G**
I will comfort you.

D   **A**   **Bm** **A**   **D**   **Dmaj⁷**
  I'll take your part, oh when darkness comes _____

D⁷   **G E** **A**
  And pain is all around

D   **A**   **G**   **Bdim⁷D**   **B⁷sus⁴** **B⁷**
Like a bridge over   troubled water

G   **F♯**   **Bm**
  I will lay me down,

D   **A**   **G**   **Bdim⁷ D**   **B⁷sus⁴** **B⁷**
Like a bridge over   troubled water

G   **F♯**   **Bm**   **E**
  I will lay me down.

Link 2 | **D**   **A** | **G** **Bm** | **G** **Gm** | **D**   **D⁷** | **G** |

                | **D**   **D⁷** | **G** | **D**   **D⁷** | **G** ||

Verse 3

         D   **G**   **D**   **G**
Sail on Silver Girl, sail on by

       C **G** **D**   **Dmaj⁷ Em**
Your time has come   to shine   **F♯**

     D   **G**   **D G**
All your dreams are on their way.

D   **A**   **Bm**   **A**   **D**   **Dmaj⁷**
  See how they shine, oh if you need a friend

D⁷   **G** **E**   **A**
  I'm sailing right be - hind

D   **A**   **G**   **Bdim⁷** **D**   **B⁷sus⁴** **B⁷**
Like a bridge over   troubled water

G   **F♯**   **Bm**
  I will ease your mind,

D   **A**   **G**   **Bdim⁷ D**   **Bm⁷**
Like a bridge over   troubled water

G   **F♯**   **Bm**   **E**
  I will ease your mind. _____

Coda | **D**   **A** | **G** **Bm** | **G** **Gm⁶** | **D**   ‖

Brown Eyed Girl

Words & Music by Van Morrison

G   C   D   D7   Em

Intro
| G | C | G | D |
| G | C | G | D |

Verse 1

G   C
Hey, where did we go

G   D
Days when the rains came?

G   C
Down in the hollow,

G   D
Playing a new game.

G   C
Laughing and a runnin', hey hey,

G   D
Skipping and a - jumpin'

G   C
In the misty morning fog with

G   D
Our, our hearts a - thumpin' and

Chorus 1

C   D7   G   Em
You,   my brown eyed girl.

C   D7   G   D
And you, my   brown eyed girl.

Verse 2

   G   C
   And what ever happened

   G   D
   To Tuesday and so slow?

   G   C
   Going down to the old mine

        G   D
   With a   transistor radio.

   G   C
   Standing in the sunlight laughing,

   G   D
   Hiding behind a rainbow's wall.

   G   C
   Slipping and a - sliding

   G   D
   All along the waterfall with

Chorus 2

C   D7   G   Em
You, my brown eyed girl.

C   D7   G D7
   You, my   brown eyed girl.

Do you remember when

            G
We used to sing

          C
Sha la la la la la la,

G   D7
La la la la de da.

Just like that

G   C
  Sha la la la la la la,

G   D7
La la la la de da,

       (G)
La de da.

Link | G | G | G | G | G | C | G | D ‖

Verse 3

G   C
So hard to find my way

G   D
Now that I'm all on my own

G   C
I saw you just the other day

G   D
My how you have grown

G   C
Cast my memory back there, Lord

G   D
Sometimes I'm overcome thinkin' about it

G   C
Makin' love in the green grass

G   D
Behind the stadium with

Chorus 3

C D7   G Em
You, my brown eyed girl

C   D7   G D7
And you, my brown eyed girl.

Do you remember when

    G
We used to sing

‖: G   C
 Sha la la la la la la,

G   D7
La la la la de da.

(Lying in the green grass)

G   C
 Sha la la la la la la,

G   D7
La la la la de da, :‖ *Repeat ad lib. to fade*

Better Together

Words & Music by Jack Johnson

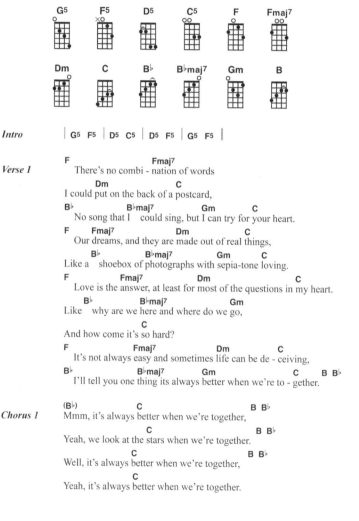

G5 F5 D5 C5 F Fmaj7
Dm C B♭ B♭maj7 Gm B

Intro | G5 F5 | D5 C5 | D5 F5 | G5 F5 ‖

Verse 1

F   Fmaj7
There's no combi - nation of words
    Dm   C
I could put on the back of a postcard,
B♭   B♭maj7   Gm   C
 No song that I could sing, but I can try for your heart.
F   Fmaj7   Dm   C
Our dreams, and they are made out of real things,
    B♭   B♭maj7   Gm   C
Like a shoebox of photographs with sepia-tone loving.
F   Fmaj7   Dm   C
 Love is the answer, at least for most of the questions in my heart.
   B♭   B♭maj7   Gm
Like why are we here and where do we go,
        C
And how come it's so hard?
F   Fmaj7   Dm   C
 It's not always easy and sometimes life can be de - ceiving,
B♭   B♭maj7   Gm   C B B♭
 I'll tell you one thing its always better when we're to - gether.

Chorus 1

(B♭)   C   B B♭
Mmm, it's always better when we're together,
       C   B B♭
Yeah, we look at the stars when we're together.
     C   B B♭
Well, it's always better when we're together,
     C
Yeah, it's always better when we're together.

Link 1   ‖: F Fmaj⁷ | Dm C | B♭ B♭maj⁷ | Gm C :‖

Verse 2

(C)   F   Fmaj⁷
And all of these moments just might find their way

        Dm   C
Into my dreams to - night,

       B♭   B♭maj⁷
But I know that they'll be gone

         Gm   C   F
When the morning light sings and brings new things.

Fmaj⁷   Dm   C
    For to - morrow night you see

       B♭   B♭maj⁷   Gm   C
That they'll be gone too, too many things I have to do.

             F   Fmaj⁷
But if all of these dreams might find their way

        Dm   C
Into my day to day scene,

       B♭   B♭maj⁷ Gm   C
I'd be under the impres - sion I was somewhere in be - tween.

         F   Fmaj⁷   Dm   C
With only two just me and you, not so many things we got to do,

     B♭   B♭maj⁷
Or places we got to be,

        Gm   C   A♭ B♭
We'll sit be - neath the mango tree now.

Chorus 2

(B♭)   C   B B♭
Yeah, it's always better when we're together,

                       C   B B♭
Mmm, we're somewhere in between together.

                  C   B B♭
Well, it's always better when we're together,

                  C
Yeah, it's always better when we're together.

Link 2

F   Fmaj⁷   Dm   C
Mmm, mmm, mm, mm, mm, mm, mm, mm.

B♭   B♭maj⁷ Gm   C
  Mm, mm, mm, mm, mmm, mmm, mm, mm.

| F Fmaj⁷ | Dm C | B♭ B♭maj⁷ | Gm C ‖

Bridge

Gm   C   Gm
   I believe in memo - ries, they look so,

                   C   Gm
So pretty when I sleep. Hey now and,

          C
And when I wake up,

           Gm   C
You look so pretty sleeping next to me.

          B♭   C
But there is   not enough time,

             B♭   C
And there is no,   no song I could sing,

            B♭   C
And there is no   combination of words I could say,

          B♭   C
But I will still tell you one thing we're better together.

Outro

‖: F Fmaj7 | Dm C | B♭ B♭maj7 | Gm C :‖ D

California Dreamin'

Words & Music by John Phillips & Michele Gilliam

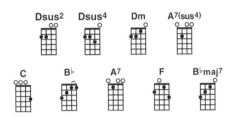

To match recording tune ukulele down a semitone

Intro
| Dsus² Dsus⁴ Dm | Dsus² Dsus⁴ Dm |
| Dsus² Dsus⁴ Dm | A⁷(sus⁴) ‖

Verse 1

                      Dm   C   B♭
All the leaves are brown
                (All the leaves are brown)

            C   A⁷(sus⁴)   A⁷
And the sky is grey,
              (And the sky is grey)

B♭   F   A⁷   Dm
I've been for a walk
          (I've been for a walk)

      B♭   A⁷(sus⁴)   A⁷
On a winter's day.
            (On a winter's day)

           Dm   C   B♭
I'd be safe and warm
           (I'd be safe and warm)

      C   A⁷(sus⁴)   A⁷
If I was in L.A. _____
           (If I was in L.A. _____)

Chorus 1

          Dm   C   B♭
California dreamin'
      (Cal - i - fornia dreamin')
      C   A⁷(sus⁴) A⁷
On such a winter's day. _____

Verse 2
                              Dm   **C**
                         Stopped into a church
                    B♭   **C**   **A7(sus4)**
                          I passed along the way,
                    A7   **B**♭   **D**   **A7**   **Dm**
                   {   Well, I got down on my knees
                   {   (Got down on my knees)
                                B♭   **A7(sus4)**   **A7**
                   { And I pretend to pray.
                   {   (I pretend to pray)
                                              Dm   **C**   **B**♭
                   { You know the preacher like the cold
                   {   (Preacher like the cold)
                                 C   **A7(sus4)**   **A7**
                   { He knows I'm gonna stay.
                   {   (Knows I'm gonna stay.)

                              Dm   **C**   **B**♭
Chorus 2   { California dreamin'
                   {   (Cal - i - fornia dreamin')
                        C   **A7(sus4)** **A7**
                   On such a winter's day. _____

Flute solo | **Dm** | **Dm** | **Dm** | **Dm** **B**♭ |

                   | **F**   **A7** | **Dm** **B**♭ | **A7(sus4)** | **A7** |

                   ‖: **Dm** **G** | **F** **G** | **A7(sus4)** | **A7**   :‖

                              Dm   **C**   **B**♭
Verse 3   { All the leaves are brown
                   {   (All the leaves are brown)
                           C   **A7(sus4)**   **A7**
                   { And the sky is grey,
                   {   (And the sky is grey)
                    B♭   **F**   **A7**   **Dm**
                   { I've been for a walk
                   {   (I've been for a walk)
                         B♭   **A7(sus4)**   **A7**
                   { On a winter's day.
                   {   (On a winter's day)

45

cont.
                    Dm   **C**   **B**♭
       ⌠ If I didn't tell her
       ⌡   (If I   didn't tell her)
              C   **A**⁷**(sus**⁴**)**   **A**⁷
       ⌠ I could leave today.
       ⌡   (I could leave today.)

                    Dm   **C**   **B**♭
Outro ⌠ California dreamin'
         ⌡   (Cal - i - fornia dreamin')
              C   **Dm**   **C**   **B**♭
         ⌠ On such a winter's day,
         ⌡   (California dreamin')
              C   **Dm**   **C**   **B**♭
         ⌠ On such a winter's day,
         ⌡   (California dreamin')
              C   **B**♭**maj**⁷   **Dm**
            On such a winter's day. ⎯⎯⎯⎯

46

Candle In The Wind

Words by Bernie Taupin
Music by Elton John

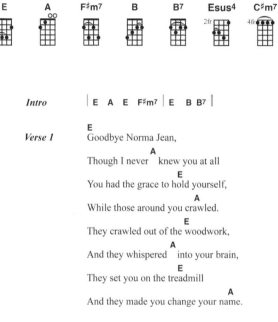

	E	A	E	F♯m7		E	B	B7	

Intro | E   A   E   F♯m7 | E   B   B7 ‖

Verse 1

  E
Goodbye Norma Jean,

           A
Though I never   knew you at all

            E
You had the grace to hold yourself,

           A
While those around you crawled.

           E
They crawled out of the woodwork,

           A
And they whispered   into your brain,

           E
They set you on the treadmill

                 A
And they made you change your name.

Chorus 1

      B   **B7**
And it seems to me you lived your life

      E   **A**
Like a candle in the wind,

      E   **Esus4**
Never knowing who to cling to

      B
When the rain set in.

    A
And I would have liked to have known you,

      C#m7
But I was just a kid,

            B
Your candle burned out long before

    A   **E F#m7**
Your legend ever did.

Link 1 | **E   Esus4   E** | **B   A   E   F#m7** | **E   B   B7** ‖

Verse 2

E
Loneliness was tough,

          A
The toughest role   you ever played.

             E
Hollywood created a superstar,

             A
And pain was the price you paid.

      E
Even when you died,

    A
Oh the press still hounded you,

      E
All the papers had to say

            A
Was that Marilyn was found in the nude.

Chorus 2   As Chorus 1

Link 2   As Link 1

Verse 3

    E
Goodbye Norma Jean,

            A
Though I never   knew you at all

           E
You had the grace to hold yourself,

             A
While those around you crawled.

E
Goodbye Norma Jean,

           A
From the young man in the 22nd row

              E
Who sees you as something more than sexual,

         A
More than just our Marilyn Monroe.

Chorus 3   As Chorus 1

    E   B
Outro   Your candle burned out long before

      A   E F♯m7 E
Your legend ever did.

Can't Buy Me Love

Words & Music by John Lennon & Paul McCartney

Em   Am   Dm   G13   C7   F7   G7

Intro
      Em Am Em Am
Can't buy me love, ____ love, ____
      Dm G13
Can't buy me love. ____

Verse 1
      C7
I'll buy you a diamond ring my friend,

If it makes you feel all right.
      F7
I'll get you anything my friend,
      C7
If it makes you feel all right.
    G7   **F7**
'Cause I don't care too   much for money,
        C7
(For) money can't buy me love.

Verse 2
      C7
I'll give you all I've got to give,

If you say you love me too.
   F7
I may not have a lot to give,
      C7
But what I've got I'll give to you.
G7   **F7**
I don't care too   much for money.
       C7
(For) money can't buy me love.

Chorus 1	**Em** **Am** Can't buy me love, ____

Em   Am

Chorus 1   Can't buy me love, ____

C7
Everybody tells me so.

           Em   Am
Can't buy me love, ____

Dm   **G13**
No, no, no, no.

C7

Verse 3   Say you don't need no diamond rings

And I'll be satisfied.

F7
Tell me that you want the kind of things

   C7
That money just can't buy.

G7   **F7**
I don't care too   much for money.

              C7
(For) money can't buy me love.

Solo | **C7** | **C7** | **C7** | **C7** |

        | **F7** | **F7** | **C7** | **C7** |

        | **G7** | **F7** | **C7** | **C7** ‖

Chorus 2   As Chorus 1

Verse 4   As Verse 3

            Em   Am   Em   Am
Outro   Can't buy me love, ____   love, ____

           Dm   **G13**
Can't buy me love ____

C7
Oh.

Can't Help Falling In Love

Words & Music by George David Weiss, Hugo Peretti & Luigi Creatore

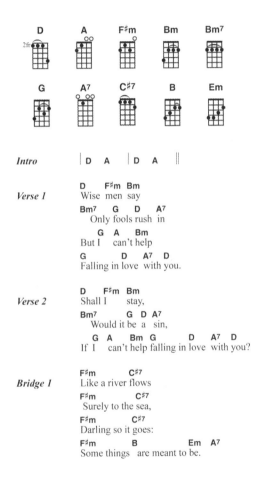

Intro | D A | D A ‖

Verse 1
D   F♯m Bm
Wise men say
Bm7   G   D   A7
   Only fools rush in
     G   A   Bm
But I   can't help
G   D   A7   D
Falling in love with you.

Verse 2
D   F♯m Bm
Shall I   stay,
Bm7   G D A7
   Would it be a   sin,
     G   A   Bm G   D   A7   D
If I   can't help falling in love with you?

Bridge 1
F♯m   C♯7
Like a river flows
F♯m   C♯7
 Surely to the sea,
F♯m   C♯7
Darling so it goes:
F♯m   B   Em A7
Some things are meant to be.

Verse 3

   D   **F♯m** **Bm**
Take my   hand,

Bm⁷   **G**   **D**   **A⁷**
Take my whole life   too,

     G **A**   **Bm** **G**   **D**   **A⁷**   **D**
For I   can't help falling in love with you.

Bridge 2

F♯m   **C♯7**
Like a river flows

F♯m   **C♯7**
 Surely to the sea,

F♯m   **C♯7**
Darling so it goes:

F♯m   **B**   **Em** **A⁷**
Some things   are meant to be.

Verse 4

   D   **F♯m** **Bm**
Take my   hand,

Bm⁷   **G**   **D**   **A⁷**
Take my whole life   too,

     G **A**   **Bm** **G**   **D**   **A⁷**   **D**
For I   can't help falling in love with you,

     G **A**   **Bm** **G**   **D**   **A⁷**   **D**
For I   can't help falling in love with you.

Chasing Cars

Words & Music by Paul Wilson, Gary Lightbody,
Jonathan Quinn, Nathan Connolly & Tom Simpson

A5   **E**   **D5**   **A**   **Dsus2**

Intro | **A5** | **A5** |

Verse 1
    A5   **E**   **D5**   **A5**
   We'll do it all,   everything   on our own.
              E   **D5**   **A5**
We don't need   anything   or anyone.

Chorus 1
         A   **E**
If I lay here, if I just lay here,
          Dsus2   **A**
Would you lie with me and just forget the world?

Verse 2
    A5   **E**   **D5**   **A5**
   I don't quite know   how to say   how I feel.
                E   **D5**   **A5**
Those three words   are said too much,   they're not enough.

Chorus 2
         A   **E**
If I lay here, if I just lay here,
         Dsus2   **A**
Would you lie with me and just forget the world?
                         E
Forget what we're told before we get too old,
         Dsus2   **A**
Show me a garden that's bursting into life.

Verse 3	**A**⁵ **E** **D**⁵ **A**⁵

A⁵   **E**   **D**⁵   **A**⁵

Verse 3 Let's waste time chasing cars around our heads.

         E   **D**⁵   **A**⁵

      I need your grace to remind me to find my own.

         A   **E**

Chorus 3 If I lay here, if I just lay here,

           Dsus²   **A**

      Would you lie with me and just forget the world?

               E

      Forget what we're told before we get too old,

           Dsus²   **A**

      Show me a garden that's bursting into life.

              E

Bridge 1 All that I am, all that I ever was

           Dsus²   **A**

      Is here in your perfect eyes, they're all I can see.

               E

      I don't know where, confused about how as well,

           Dsus²   **A**

      Just know that these things will never change for us at all.

         A⁵   **E**

Chorus 4 If I lay here, if I just lay here,

           D⁵   **A**⁵

      Would you lie with me and just forget the world?

Come On Eileen

Words & Music by Kevin Rowland, James Paterson & Kevin Adams

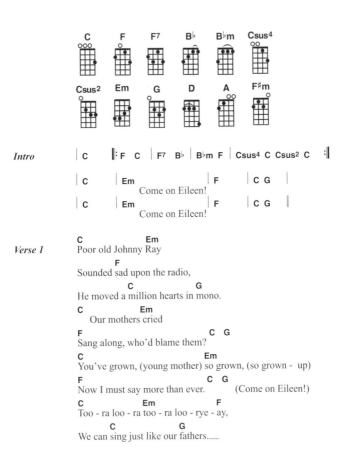

Intro | C |: F   C | F7   B♭ | B♭m   F | Csus4   C   Csus2   C   :|

| C | Em | F | C   G |
              Come on Eileen!
| C | Em | F | C   G   ‖
              Come on Eileen!

Verse 1
C   Em
Poor old Johnny Ray
           F
Sounded sad upon the radio,
                  C   G
He moved a million hearts in mono.
C   Em
     Our mothers cried
F   C   G
Sang along, who'd blame them?
C   Em
You've grown, (young mother) so grown, (so grown - up)
F   C   G
Now I must say more than ever.   (Come on Eileen!)
C   Em   F
Too - ra loo - ra too - ra loo - rye - ay,
          C   G
We can sing just like our fathers.___

Chorus 1

    D   **A**
Come on Eileen! Woah, I swear (what he means)

         Em   **G**   **A**
At this moment, you mean every - thing

      D   **A**
With you in that dress, my thoughts (I confess)

          Em
Verge on dirty,

        G   **A**
Ah, come on Eil - een!

Link 1 | **A** | **A** |

               | **C** | **Em** | **F** | **C** **G** ‖
                          Come on Eileen!

Verse 2

    C   **Em**
These people round here

             F
Wear beaten down eyes, sunk in smoke dried faces,

                  C   **G**
They're re - signed to what their fate is.

      C
But not us, (no never)

       Em
No not us (no never).

F
We are far too young and clever.   **C** **G**   (Remember)

C   **Em**   **F**
Too - ra loo - ra too - ra loo rye - ay,

          C   **G**
Eileen, I'll hum this tune for - ever.

Chorus 2

D   A
Come on Eileen! Woah, I swear (what he means)

           Em   G   A
Ah come on, let's take off every - thing

     D   A
That pretty red dress, Ei - leen (tell him yes)

           Em   G   A
Ah, come on let's! Ah come on Ei - leen!

     D   A
That pretty red dress, Ei - leen (tell him yes)

           Em   G   A   D
Ah, come on let's! Ah come on Ei - leen, please.

Bridge 1

D   F♯m
(Come on! Eileen, ta - loo - rye - ay,)

                       G
(Come on! Eileen, ta - loo - rye - ay.)

Now you have grown,

Now you have shown,

D   A
Oh, Ei - leen.

     D
Say, come on Eileen,

                        F♯m
These things they are real and I know

How you feel

G
Now I must say more than ever,

D   A
   Things round here have changed.

       D   F♯m   G
I say, too - ra - loo - ra, too - ra - loo - rye - ay.

                                    D A
(Too - ra too - ra ta - roo - la)

Chorus 3

D   A
Come on Eileen! Oh, I swear (what he means)

       Em   G   A
At this moment, you mean every - thing

    D   A
With you in that dress, my thoughts (I confess)

       Em
Verge on dirty,

       G   A
Ah, come on Ei - leen!

Chorus 4

       D
‖: Ah, come on Eileen!

  A
Oh, I swear (what he means)

      E   G   A
At this moment, you mean every - thing

D   A
You in that dress, my thoughts (I confess)

      Em
Well, they're dirty

      G   A
Come on Ei - leen! :‖ *Repeat to fade ad lib.*

Come Together

Words & Music by John Lennon & Paul McCartney

Intro
‖: | Dm7 | Dm7 :‖
(Shoot me.)   (Shoot me.)

Verse 1
Dm7
Here come old flat top, he come grooving up slowly,

He got joo joo eyeball, he one holy roller,

A
He got   hair down to his knee,

G7   N.C.
Got to be a joker, he just do what he please.

Link
| Dm7 | Dm7 | Dm7 | Dm7 ‖

Verse 2
Dm7
He wear no shoe shine, he got toe-jam football,

He got monkey finger, he shoot Coca-Cola,

A
He say, "I know you, you know me."

G7   N.C.
One thing I can tell you is you got to be free.

Chorus 1
Bm
Come together,

Bm7   G   A
Right   now,

N.C.
Over (me.)

Link
| Dm7 | Dm7 | Dm7 | Dm7 ‖
me.

Verse 3

Dm7
He bag production, he got walrus gumboot,

He got Ono sideboard, he one spinal cracker,

A
He got   feet down below his knee,

G7   N.C.
Hold you in his armchair, you can feel his disease.

Chorus 2

Bm
Come together,

Bm7   G   A
Right   now,

N.C.
Over (me.)

Link

| Dm7 | Dm7 ‖ Dm7 | Dm7 | Dm7 | Dm7 |
me.   (Right!)   (Come.)

| A | A | A | A | Dm7 | Dm7 ‖
(Come.)

Verse 4

Dm7
He roller coaster, he got early warning,

He got Muddy Water, he one Mojo filter,

A
He say,   "One and one and one is three."

G7   N.C.
Got to be good looking 'cause he's so hard to see.

Chorus 3

Bm
Come together,

Bm7   G   A
Right   now,

N.C.
Over (me.)

Link

| Dm7 | Dm7 | Dm7 | Dm7 ‖ Dm7 | Dm7 |
me.   Oh!

Coda

‖: Dm7
   Come together, yeah! :‖ *Repeat to fade*

Crazy

Words & Music by Thomas Callaway, Brian Burton,
Gianfranco Reverberi & Gian Piero Reverberi

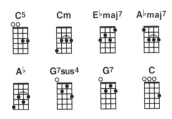

Intro | C5 |

Verse 1
Cm   E♭maj7
I remember when, I remember, I remember when I lost my mind,
                                                    A♭maj7
There was something so pleasant about that place.
                          A♭   G7sus4   G7
Even your emotions had an echo, in so much space.
Cm   E♭maj7
And when you're out there, without care, yeah, I was out of touch.
                                            A♭maj7   A♭
But it wasn't because I didn't know enough,
          G7sus4   G7
I just knew too much.

Chorus 1
                              Cm
Does that make me cra - zy?
                              E♭maj7
Does that make me cra - zy?
                    A♭maj7   A♭
Does that make me cra - zy?
          G7sus4   G7
Possibly.

Bridge 1
          C   A♭maj7   A♭
          And I hope that you are having the time of your life.
                    E♭maj7   G7sus4   G7
But think twice,   that's my only advice.

62

Verse 2

Cm
Come on now, who do you, who do you, who do you,

E♭maj7
Who do you think you are?

A♭maj7   A♭
Ha ha ha bless your soul,

G7sus4   G7
You really think you're in con - trol.

Chorus 2

Cm
Well, I think you're cra - zy,

E♭maj7
I think you're cra - zy,

A♭maj7   A♭
I think you're cra - zy,

G7sus4   G7
Just like me.

Bridge 2

C   A♭maj7   A♭
My heroes had the heart to lose their lives out on a limb.

E♭maj7   G7sus4   G7
And all I re - member is thinking, I want to be like them.

Verse 3

Cm
Ever since I was little, ever since I was little,

E♭maj7
It looked like fun.

A♭maj7   A♭
And it's no coincidence I've come,

G7sus4   G7
And I can die when I'm done.

Chorus 3

Cm
But maybe I'm cra - zy?

E♭maj7
Maybe you're cra - zy?

A♭maj7   A♭
Maybe we're cra - zy.

G7sus4   G7
Probably.

Coda

C   A♭maj7   E♭maj7   G7sus4   G7   C
Mm, ooh, ooh, ooh, ooh,   ooh,   ooh, mm.

63

Crazy Crazy Nights

Words & Music by Paul Stanley & Adam Mitchell

[Chord diagrams: G, Gsus4, D, C, C(add9), Dsus4, Am7]

[Chord diagrams: Em7, Bm7, Em, B♭, F, Gm, E♭]

Intro
| G Gsus4 G D | C G D |
Whoa!

Spoken:
G   Gsus4 G   C   G D
Here's a little   song for everybody   out there.

Verse 1
G Gsus4 G D C G   D   G Gsus4 G | C G D |
People try to take my   soul away,
G   Gsus4   G   D C   G   D   G Gsus4 G | C G D |
But I don't hear the rap that   they all say.

C(add9)   Dsus4
They try to tell us we don't belong,

Am7   Em7   Dsus4
That's all right, we're millions strong.

Am7   Bm7
This is my music, it makes me proud,

C(add9)   Am7   D
These are my people and this is my crowd.

Chorus 1
                 G   D   Em C(add9) D   C D
These are crazy, crazy, crazy, crazy   nights.
                 G   D   Em C(add9) D   C D C
These are crazy, crazy, crazy, crazy   nights.

Verse 2
G Gsus4   G   D C G   D   G Gsus4 G | C G D |
Sometimes days are so hard to survive:
G   Gsus4 G   C   G   D   G Gsus4 G | C G D |
A million ways to bu - ry   you alive.

C(add9)   Dsus4
The sun goes down like a bad, bad dream;

cont.
    Am⁷   **Em⁷**   **Dsus⁴**
You're wound up tight, gotta let off steam.

    Am⁷   **Bm⁷**
They say they can break you again and again.

  C(add⁹)   **Am⁷**   **D**
If life is a radio, turn up to ten.

Chorus 2
        G   **D**   **Em** **C(add⁹)** **D**   **C** **D**
These are crazy, crazy, crazy, crazy   nights.

        G   **D**   **Em** **C(add⁹)** **D**   **C** **D**
These are crazy, crazy, crazy, crazy   nights.

Chorus 3
        B♭   **F**   **Gm** **E♭**   **F**   **E♭** **F**
These are crazy, crazy, crazy, crazy nights.

        B♭   **F**   **Gm** **E♭**   **F**   **E♭** **F**
These are crazy, crazy, crazy, crazy nights.

Guitar solo ‖: **G** **Dsus⁴** | **Em⁷** **C(add⁹)** | **D** | **D**   :‖

Verse 3
    C(add⁹)   **Dsus⁴**
And they try to tell us that we don't belong,

    Am⁷   **Em⁷**   **Dsus⁴**
But that's all right, we're millions strong.

Am⁷   **Bm⁷**
You are my people, you are my crowd,

C(add⁹)   **D**   **C**
This is our music, we love it loud.

Link | **G** **Gsus⁴** **G**   **D** | **C** **G** **D** |
Spoken: Yeah,

G   **Gsus⁴**   **G**   **C** **G** **D**
  And nobody's gonna change me,

G   **Gsus⁴**   **G**   **C** **G**
  'Cause that's who I am.

Chorus 4
     C   **D** **G**   **D**   **Em** **C(add⁹)** **D**   **C** **D**
‖: These are crazy, crazy, crazy, crazy   nights.

                  G   **D**   **Em** **C(add⁹)** **D**   **C** **D**
These are crazy, crazy, crazy, crazy   nights.   :‖

Chorus 5
          B♭   **F**   **Gm** **E♭**   **F**   **E♭** **F**
‖: These are crazy, crazy, crazy, crazy nights.

          B♭   **F**   **Gm** **E♭**   **F**   **E♭** **F**
These are crazy, crazy, crazy, crazy nights.   :‖ *Repeat to fade*

65

Crazy Little Thing Called Love

Words & Music by Freddie Mercury

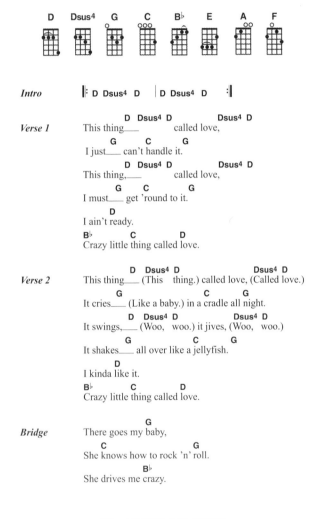

Intro ‖: D Dsus⁴ D | D Dsus⁴ D :‖

Verse 1

               D Dsus⁴ D   Dsus⁴ D
This thing_____   called love,

           G   C   G
I just_____ can't handle it.

               D Dsus⁴ D   Dsus⁴ D
This thing,_____   called love,

             G   C   G
I must_____ get 'round to it.

             D
I ain't ready.

B♭   C   D
Crazy little thing called love.

Verse 2

               D Dsus⁴ D   Dsus⁴ D
This thing_____ (This thing.) called love, (Called love.)

            G   C   G
It cries_____ (Like a baby.) in a cradle all night.

              D Dsus⁴ D   Dsus⁴ D
It swings,_____ (Woo, woo.) it jives, (Woo, woo.)

             G   C   G
It shakes_____ all over like a jellyfish.

              D
I kinda like it.

B♭   C   D
Crazy little thing called love.

Bridge

               G
There goes my baby,

         C   G
She knows how to rock 'n' roll.

               B♭
She drives me crazy.

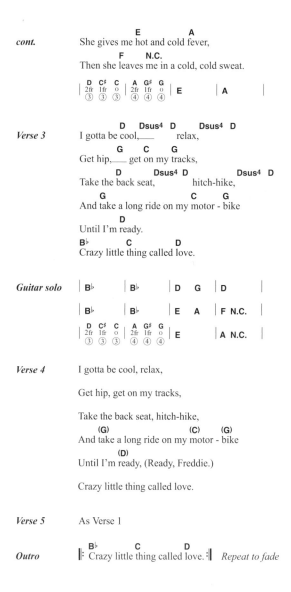

cont.
                             E   A
She gives me hot and cold fever,

                             F   N.C.
Then she leaves me in a cold, cold sweat.

| D C♯ C | A G♯ G | E | A | |

Verse 3
                        D   Dsus4 D   Dsus4 D
I gotta be cool,___   relax,

                  G   C   G
Get hip,___ get on my tracks,

                      D   Dsus4 D   Dsus4 D
Take the back seat,   hitch-hike,

         G   C   G
And take a long ride on my motor - bike

                  D
Until I'm ready.

B♭   C   D
Crazy little thing called love.

Guitar solo
| B♭ | B♭ | D G | D | |

| B♭ | B♭ | E A | F N.C. | |

| D C♯ C | A G♯ G | E | A N.C. | |

Verse 4
I gotta be cool, relax,

Get hip, get on my tracks,

Take the back seat, hitch-hike,

        (G)   (C)   (G)
And take a long ride on my motor - bike

             (D)
Until I'm ready, (Ready, Freddie.)

Crazy little thing called love.

Verse 5   As Verse 1

Outro
       B♭   C   D
‖: Crazy little thing called love. :‖ *Repeat to fade*

Creep

Words & Music by Albert Hammond, Mike Hazlewood, Thom Yorke,
Jonny Greenwood, Colin Greenwood, Ed O'Brien & Phil Selway

G   B   Bsus⁴   C   Csus⁴   Cm   C⁷sus⁴

Intro | G | G | B | Bsus⁴ B |

| C | Csus⁴ C | Cm | Cm   ‖

Verse 1
                G
When you were here before

                B
Couldn't look you in the eye,

           C
You're just like an angel,

          Cm
Your skin makes me cry.

           G
You float like a feather

        B
In a beautiful world.

         C
I wish I was special,

          Cm
You're so fuckin' special

Chorus 1
         G   **B**
But I'm a creep, I'm a weirdo.

              C
What the hell am I doing here?

      Cm   **C⁷sus⁴**
I don't be - long here.

Verse 2
          G
I don't care if it hurts,

         B
I wanna have control,

         C
I wanna perfect body,

cont.
          Cm
I wanna perfect soul.
      G
I want you to notice
       B
When I'm not around,
        C
You're so fuckin' special
       Cm
I wish I was special...

Chorus 2
      G   **B**
But I'm a creep, I'm a weirdo.
           C
What the hell am I doing here?
      Cm
I don't be - long here.
C7sus4
Oh, oh.

Bridge
G   **B**
She's running out a - gain,
C
She's running out
    Cm
She's run, run, run,
G **B** **C**   **Cm**
Run.   Run...

Verse 3
          G
Whatever makes you happy
     B
Whatever you want,
       C
You're so fuckin' special
     Cm
I wish I was special...

Chorus 3
      G   **B**
But I'm a creep, I'm a weirdo,
          C
What the hell am I doing here?
    Cm
I don't be - long here,
    G
I don't be - long here.

Daniel

Words & Music by Elton John & Bernie Taupin

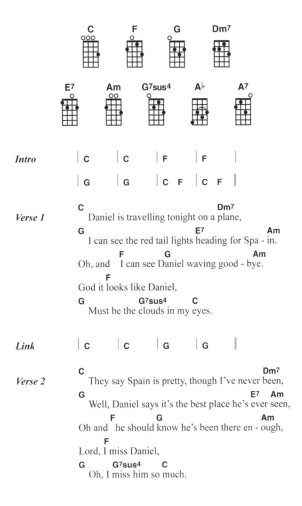

Intro
| C | C | F | F |

| G | G | C F | C F ‖

Verse 1

    C   Dm⁷
    Daniel is travelling tonight on a plane,

    G   E⁷   Am
    I can see the red tail lights heading for Spa - in.

Oh, and   F   G   Am
Oh, and   I can see Daniel waving good - bye.

          F
God it looks like Daniel,

G   G⁷sus⁴   C
    Must be the clouds in my eyes.

Link
| C | C | G | G ‖

Verse 2

    C   Dm⁷
    They say Spain is pretty, though I've never been,

    G   E⁷   Am
    Well, Daniel says it's the best place he's ever seen,

Oh and   F   G   Am
Oh and   he should know he's been there en - ough,

          F
Lord, I miss Daniel,

G   G⁷sus⁴   C
    Oh, I miss him so much.

Chorus 1

      F
Oh, Daniel my brother,
       C
You are   older than me,
         F
Do you still feel the pain
    C
Of the scars that won't heal?
        Am
Your eyes have died
          F
But you see more than I,
A♭   **C**
Daniel you're a star
A⁷   **Dm⁷ G**
  In the face of the sky.

Instrumental | C | C | Dm⁷ | Dm⁷ |

| G | G | E⁷ | Am ‖

| F | G | Am | Am |

| F | F | G | G⁷sus⁴ | C | C ‖

Chorus 2   As Chorus 1

Verse 3   As Verse 1

Outro
       F
Oh, God it looks like Daniel,
G   **G⁷sus⁴**   **G** | C | F | F | G | G | C F | C ‖
  Must be the clouds in my eyes.

(Sittin' On) The Dock Of The Bay

Words & Music by Otis Redding & Steve Cropper

Intro | G | G | G | G |

Verse 1
G
Sittin' in the mornin' sun,   B
                                  C
And I'll be sittin' when the evenin' come.   A
G
Watching the ships roll in,   B
                                  C
And then I watch 'em roll away a - gain, yeah.   A

Chorus 1
           G   E
I'm sittin' on the dock of the bay,
           G   E
Watching the tide roll a - way.
             G   A
Ooh, I'm just sittin' on the dock of the bay
           G   E
Wastin' time.____

Verse 2
           G   B
I left my home in Georgia,
C   A
Headed for the 'Frisco bay.
           G   B
'Cause I've had nothing to live for
                 C   A
And look like nothin's gonna come my way.

Chorus 2
                                G   **E**
So I'm just gonna sit on the dock of the bay,

                     G   **E**
Watching the tide roll a - way.

               G   **A**
Ooh,___ I'm sittin' on the dock of the bay

              G   **E**
Wastin' time.___

Bridge
G   **D** **C**
  Look like   nothin's gonna change,

G   **D**   **C**
  Every - thing   still remains the same,

G **D**   **C**   **G**
  I can't do what ten people tell   me to do,

F   **D**
  So I guess I'll re - main the same, yes.

Verse 3
G   **B**
Sittin' here resting my bones,

         C   **A**
And this loneliness won't leave me a - lone.

  G   **B**
It's two thousand miles I roamed,

     C   **A**
Just to make this dock my home.

Chorus 3
                       G   **E**
Now, I'm just gonna sit at the dock of the bay,

                     G   **E**
Watching the tide roll a - way.

                  G   **A**
Ooh-ee, I'm sittin' on the dock of the bay

           G   **E**
Wastin' time.___

‖: **G** | **G** | **G** | **E**   :‖ *Whistle to fade*

Don't Know Why

Words & Music by Jesse Harris

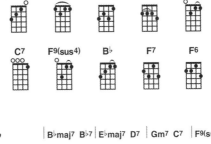

Intro | B♭maj⁷ B♭⁷ | E♭maj⁷ D⁷ | Gm⁷ C⁷ | F⁹(sus⁴) |

Verse 1

B♭maj⁷ B♭⁷   E♭maj⁷   D⁷
I waited 'til I saw the sun

Gm⁷   C⁷   F⁹(sus⁴)   B♭
    I don't know why I didn't come

B♭maj⁷   B♭⁷   E♭maj⁷   D⁷
    I left you by the house of fun

Gm⁷   C⁷   F⁹(sus⁴)   B♭
    I don't know why I didn't come

    Gm⁷   C⁷   F(⁹sus⁴)   B♭
I   don't know why I didn't come.

Verse 2

B♭maj⁷   B♭⁷   E♭maj⁷   D⁷
    When I saw the break of day

Gm⁷   C⁷   F⁹(sus⁴)   B♭
    I wished that I could fly away.

B♭maj⁷   B♭⁷ E♭maj⁷   D⁷
    Instead of kneeling in the sand

Gm⁷   C⁷   F⁹(sus⁴)   B♭
Catching teardrops in my hand.

Chorus 1

        Gm⁷   C⁷   F⁷
My heart is drenched in wine,

        Gm⁷   C⁷   F⁷   F⁶
But you'll be on my mind forever.

Verse 3

B♭maj7 B♭7   E♭maj7   D7
    Out across the endless sea

Gm7   C7   F9(sus4)   B♭
    I would die in ecstasy

B♭maj7   B♭7 E♭maj7   D7
    But I'll be a bag of bones

Gm7   C7   F9(sus4)   B♭
Driving down the road alone.

Chorus 2

Gm7   C7   F7
    My heart is drenched in wine,

    Gm7   C7   F7   F6
But you'll be on my mind forever.

Instrumental ‖: B♭maj7 B♭7 | E♭maj7 D7 | Gm7 C7 | F9sus4 :‖

Verse 4

B♭maj7   B♭7 E♭maj7   D7
    Something has to make you run

Gm7   C7   F9sus4   B♭
    I don't know why I didn't come.

B♭maj7 B♭7   E♭maj7   D7
I feel as empty as a drum,

Gm7   C7   F9(sus4)   B♭
    I don't know why I didn't come,

Gm7   C7   F9(sus4)   B♭
I don't know why I didn't come,

Gm7   C7   F9(sus4)   B♭
 I don't know why I didn't come.

Dream Catch Me

Words & Music by Crispin Hunt, Gordon Mills & Newton Faulkner

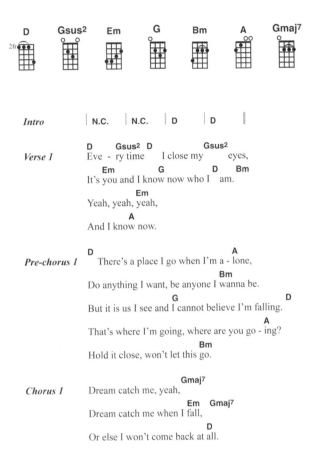

Intro | N.C. | N.C. | D | D ‖

Verse 1
    D   **Gsus2** **D**   **Gsus2**
Eve - ry time   I close my   eyes,
      Em   **G**   **D** **Bm**
It's you and I know now who I   am.
              Em
Yeah, yeah, yeah,
          A
And I know now.

Pre-chorus 1
    D   **A**
  There's a place I go when I'm a - lone,
                      Bm
Do anything I want, be anyone I wanna be.
                 G   **D**
But it is us I see and I cannot believe I'm falling.
                               A
That's where I'm going, where are you go - ing?
                 Bm
Hold it close, won't let this go.

Chorus 1
                  Gmaj7
Dream catch me, yeah,
                Em **Gmaj7**
Dream catch me when I fall,
                       D
Or else I won't come back at all.

Verse 2

           Gsus2   **D**   **Gsus2**
You do so much   that you don't   know,

     Em   **G**   **Bm**   **D**
It's true and I know now who I   am.

              Em
Yeah, yeah, yeah,

     A
And I know now.

Pre-chorus 2   As Pre-chorus 1

      Bm   **Gmaj7**
Chorus 2   Dream catch me, yeah,

                   Em   **Gmaj7**
Dream catch me when I fall,

                   Bm
Or else I won't come back at all.

          G   **D**
Bridge   See you as a mountain, a fountain of God,

          A   **Bm**
See you as a descant soul in the setting sun.

          G   **D**
Nuance of sound has decided it's love,

     A
I'm young.

     D   **A**
Pre-chorus 3   There's a place I go when I'm a - lone,

                    Bm
Do anything I want, be anyone I wanna be.

              G
But it is us I see and I cannot believe I'm falling.

Pre-chorus 4   As Pre-chorus 1

      Bm   **Gmaj7**
Chorus 3   Dream catch me, yeah,

                   Am   **Gmaj7**
Dream catch me when I fall,

                   D
Or else I won't come back at all.

Dreams

Words & Music by Stevie Nicks

Intro | F | G | F | G |

           | F | G | F | G   ‖

Verse 1

F   G
  Now here you go again

      F   G
You say you want your freedom,

F   G   F   G
  Well who am I to keep you down?

F   G   F   G
  It's only right that you should play the way you feel it,

      F   G   F
But listen care - fully to the sound

           G
Of your loneliness...

Pre-chorus 1

          Fmaj7   G7
Like a heartbeat drives you mad,

         F(add9)   G7   Fmaj7
In the stillness of remembering what you had,

G7   F(add9)   G7
  And what you lost...

                 Fmaj7   G7
And what you had...

                 F(add9)   G7
And what you lost.

Chorus 1

         F   G   F   G
Oh thunder only happens when it's raining,

F   G   F   G
Players only love you when they're playing,

      F   G   F   G
Say, women they will come and they will go,

cont.
```
F                     G                  F
When the rain wash - es you clean, you'll know,
G         (F)
   You'll know.
```

Instrumental | F | G | G | F | Am | G | G | F |

Verse 2
```
F            G          F          G
   Now here I go again I see   the crystal vision,
F          G            F       G
   I keep my visions to my - self.
F          G
   It's only me
              F                   G
Who wants to wrap around your dreams and...
F            G               F
Have you any dreams you'd like to sell?
             G
Dreams of loneliness...
```

Pre-chorus 2 As Pre-chorus 1

Chorus 2
```
F              G              F         G
Thunder only happens when it's raining,
F            G             F        G
Players only love you when they're playing,
F              G              F         G
Women they will come and they will go,
F                      G              F         G
When the rain wash - es you clean, you'll know.
```

Chorus 3
```
     F              G           F        G
Oh thunder only happens when it's raining,
F            G             F        G
Players only love you when they're playing,
     F           G               F         G
Say, women they will come and they will go,
F                    G             F
When the rain wash - es you clean, you'll know,
G     F    G
You'll know,   you will know,
G          Fmaj7
Oh you'll know.
```

Eternal Flame

Words & Music by Susanna Hoffs, Tom Kelly & Billy Steinberg

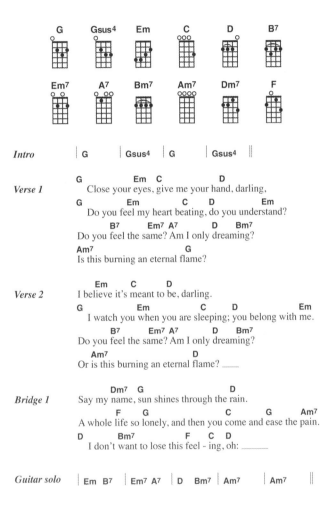

Intro | G | Gsus⁴ | G | Gsus⁴ ‖

Verse 1
    G   Em C   D
      Close your eyes, give me your hand, darling,
    G   Em   C   D   Em
      Do you feel my heart beating, do you understand?
           B⁷   Em⁷ A⁷   D   Bm⁷
    Do you feel the same? Am I only dreaming?
    Am⁷   G
    Is this burning an eternal flame?

Verse 2
           Em   C   D
    I believe it's meant to be, darling.
    G   Em   C   D   Em
      I watch you when you are sleeping; you belong with me.
           B⁷   Em⁷ A⁷   D   Bm⁷
    Do you feel the same? Am I only dreaming?
      Am⁷   D
    Or is this burning an eternal flame? ____

Bridge 1
           Dm⁷ G   D
    Say my name, sun shines through the rain.
         F   G   C   G   Am⁷
    A whole life so lonely, and then you come and ease the pain.
    D   Bm⁷   F   C   D
      I don't want to lose this feel - ing, oh: _____

Guitar solo | Em B⁷ | Em⁷ A⁷ | D Bm⁷ | Am⁷ | Am⁷ ‖

Bridge 2

D   Dm⁷ G   D
Say my name, sun shines through the rain.

       F   G   C   G   Am⁷
A whole life so lonely, and then you come and ease the pain.

D   Bm⁷   F   C   D
I don't want to lose this feel - ing, oh: ____

Verse 3

G   Em C   D
Close your eyes, give me your hand, ____

G   Em   C   D   Em
Do you feel my heart beating, do you understand?

      B⁷   Em⁷ A⁷   D   Bm⁷
Do you feel the same? Am I only dreaming?

    Am⁷   G
Or is this burning an eternal flame? ____

Verse 4

G   Em C   D
Close your eyes, give me your hand, ____

G   Em   C   D   Em
Do you feel my heart beating, do you understand?

      B⁷   Em⁷ A⁷   D   Bm⁷
Do you feel the same? Am I only dreaming?

Am⁷   G
Is this burning an eternal flame?

Verse 5

G   Em C   D
Close your eyes, give me your hand,

G   Em   C   D   Em
Do you feel my heart beating, do you understand?

      B⁷   Em⁷ A⁷   D   Bm⁷
Do you feel the same? Am I only dreaming?

Am⁷   G
An eternal   flame?

Verse 6

 𝄆 G   Em C   D
Close your eyes, give me your hand, ____

G   Em   C   D   Em
Do you feel my heart beating, do you understand?

      B⁷   Em⁷ A⁷   D   Bm⁷
Do you feel the same? Am I only dreaming?

Am⁷   G
Is this burning an eternal flame?   𝄇 *Repeat to fade*

Every Breath You Take

Words & Music by Gordon Matthew Sumner

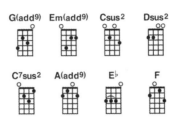

To match recording tune ukulele up a semitone

Intro | G(add9) | G(add9) | Em(add9) | Em(add9)|
| Csus2 | Dsus2 | G(add9) |

Verse 1

G(add9)
    Ev'ry breath you take,
        Em(add9)
Ev'ry move you make,
           Csus2
Ev'ry bone you break,
          Dsus2
Ev'ry step you take,
          Em(add9)
I'll be watching you.

Verse 2

         G(add9)
Ev'ry single day,
        Em(add9)
Ev'ry word you say,
         Csus2
Ev'ry game you play,
        Dsus2
Ev'ry night you stay,
         G(add9)
I'll be watching you.

Chorus 1

Csus²
Oh, can't you see

C⁷sus²   **G(add⁹)**
You belong to me,

                A(add⁹)
How my poor heart aches

          Dsus²
With ev'ry step you take.

        G(add⁹)
Ev'ry move you make,

          Em(add⁹)
Ev'ry vow you break,

          Csus²
Ev'ry smile you fake,

          Dsus²
Ev'ry claim you stake

           Em(add⁹)
I'll be watching you.

Middle

E♭
Since you've gone, I've been lost without a trace,

F
I dream at night I can only see your face,

E♭
I look around but it's you I can't replace,

F
I feel so cold and I long for your embrace,

E♭
I keep crying baby, baby please.

Instrumental ‖: G(add⁹) | G(add⁹) | Em(add⁹) | Em(add⁹) |

              | Csus² | Dsus² | G(add⁹) | G(add⁹) :‖

Chorus 2   As Chorus 1

Outro

Em(add⁹)   **Csus²**
Ev'ry move you make,

          Dsus²
Ev'ry step you take

           Em(add⁹)
I'll be watching you.

Em(add⁹)

            I'll be watching

  G(add⁹)   **G(add⁹)**   **Em(add⁹)** **Csus²**
‖: you. | | | I'll be watching :‖ *Repeat to fade*

Everybody's Talkin'

Words & Music by Fred Neil

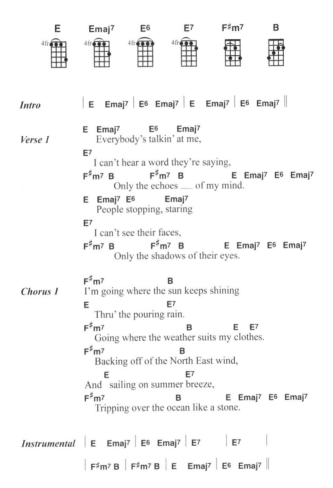

| E | Emaj7 | E6 | E7 | F♯m7 | B |

Intro ‖ E   Emaj7 ‖ E6   Emaj7 ‖ E   Emaj7 ‖ E6   Emaj7 ‖

Verse 1

E Emaj7   E6   Emaj7
    Everybody's talkin' at me,

E7
    I can't hear a word they're saying,

F♯m7 B   F♯m7 B   E Emaj7 E6 Emaj7
        Only the echoes ⎯ of my mind.

E Emaj7 E6   Emaj7
    People stopping, staring

E7
    I can't see their faces,

F♯m7 B   F♯m7 B   E Emaj7 E6 Emaj7
        Only the shadows of their eyes.

Chorus 1

F♯m7   B
    I'm going where the sun keeps shining

E   E7
    Thru' the pouring rain.

F♯m7   B   E E7
    Going where the weather suits my clothes.

F♯m7   B
    Backing off of the North East wind,

   E   E7
And   sailing on summer breeze,

F♯m7   B   E Emaj7 E6 Emaj7
    Tripping over the ocean like a stone.

Instrumental ‖ E   Emaj7 ‖ E6   Emaj7 ‖ E7   ‖ E7   ‖

‖ F♯m7 B ‖ F♯m7 B ‖ E   Emaj7 ‖ E6   Emaj7 ‖

Chorus 2

F#m7   B
I'm going where the sun keeps shining

E   E7
  Thru' the pouring rain.

F#m7   B   E E7
  Going where the weather suits my clothes.

F#m7   B
  Backing off of the North East wind,

   E   E7
And   sailing on summer breeze,

Em7   B   E Emaj7 E6 Emaj7
  Tripping over the ocean like a stone.

E Emaj7   E6   Emaj7 E Emaj7 E6 Emaj7
  Everybody's talkin' at me. _____

Outro

‖: E   Emaj7 | E6 Emaj7 | E   Emaj7 | E6 Emaj7 |

| E   Emaj7 | E6 Emaj7 | E   Emaj7 | E6 Emaj7 :‖ E   ‖

Everyday

Words & Music by Charles Hardin & Norman Petty

Intro | E♭ | E♭   ‖

Verse 1
E♭   Cm Fm   B♭
Every - day it's a-gettin' closer,
E♭   Cm Fm   B♭
Goin' faster than a roller - coaster,
E♭   Cm   Fm B♭   E♭
Love like yours will surely come my way.
A♭   E♭   B♭7
A-hey, a-hey-hey.

Verse 2
E♭   Cm Fm   B♭
Every - day it's a-gettin' faster,
E♭   Cm   Fm   B♭
Every - one said, "Go ahead and ask her."
E♭   Cm   Fm B♭   E♭
Love like yours will surely come my way.
A♭   E♭
  A-hey, a-hey-hey.

Bridge 1
A♭
Everyday seems a little longer,
D♭
Every way love's a little stronger,
G♭
Come what may,
                  B   B♭
Do you ever long for   true love from me?

Verse 3   As Verse 1

Glockenspiel | E♭ Cm | Fm B♭ | E♭ Cm | Fm B♭ |
Solo
          | E♭ Cm | Fm B♭ | E♭ A♭ | E♭ B♭ |

          | E♭ Cm | Fm B♭ | E♭ Cm | Fm B♭ |

          | E♭ Cm | Fm B♭ | E♭ A♭ | E♭   ‖

Bridge 2   As Bridge 1

Verse 4   As Verse 1

           E♭   Cm   Fm   B♭   E♭ B♭7 E♭
Outro   Love like yours will surely come my way.

Eye Of The Tiger

Words & Music by Jim Peterik & Frank Sullivan III

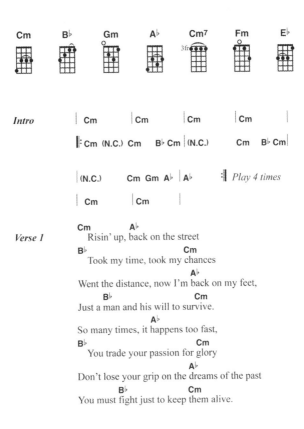

Cm B♭ Gm A♭ Cm7 Fm E♭

Intro
| Cm | Cm | Cm | Cm |

‖: Cm (N.C.) Cm B♭ Cm | (N.C.) Cm B♭ Cm |

| (N.C.) Cm Gm A♭ | A♭ :‖ *Play 4 times*

| Cm | Cm |

Verse 1

   Cm   **A♭**
Risin' up, back on the street

B♭   **Cm**
   Took my time, took my chances

                   A♭
Went the distance, now I'm back on my feet,

     B♭   **Cm**
Just a man and his will to survive.

                A♭
So many times, it happens too fast,

B♭   **Cm**
   You trade your passion for glory

                A♭
Don't lose your grip on the dreams of the past

        B♭   **Cm**
You must fight just to keep them alive.

Chorus 1

(B♭ Cm7) Fm   E♭   B♭
It's the   eye of the tiger, it's the thrill of the fight,

       Fm   Cm7 B♭
Risin' up to the challenge of our ri - val

B♭ Cm7 Fm   E♭   B♭
And the   last known survivor stalks his prey in the night

Cm7   Fm   Gm
And he's watching us all with the

A♭   N.C.   Cm
Eye   of the tiger.

Verse 2

Cm   A♭
    Face to face, out in the heat,

B♭   Cm
    Hangin' tough, stayin' hungry

                           A♭
They stack the odds still we take to the street

        B♭   Cm
For the kill with the skill to survive.

Chorus 2

(B♭ Cm7) Fm   E♭   B♭
It's the   eye of the tiger, it's the thrill of the fight,

       Fm   Cm7 B♭
Risin' up to the challenge of our ri - val

B♭ Cm7 Fm   E♭   B♭
And the   last known survivor stalks his prey in the night

Cm7   Fm   Gm
And he's watching us all with the

A♭   N.C.   Cm
Eye   of the tiger.

Verse 3

Cm   A♭
    Risin' up, straight to the top

B♭   Cm
    Had the guts, got the glory

Cm   A♭
    Went the distance, now I'm not gonna stop,

        B♭   Cm
Just a man and his will to survive.

Chorus 3

(B♭ Cm7) Fm   E♭   B♭
It's the   eye of the tiger, it's the thrill of the fight,

Cm7 Fm   Cm7 B♭
Risin' up to the challenge of our ri - val

B♭   Cm7 Fm   E♭   B♭
And the   last known survivor stalks his prey in the night

Cm7   Fm   Gm
And he's watching us all with the

A♭   N.C.   Cm
Eye   of the tiger.

| Cm (N.C.) Cm   B♭ Cm | (N.C.)   Cm   B♭ Cm |

| (N.C.)   Cm Gm A♭ | A♭ |
                              The eye of the

||: Cm (N.C.) Cm   B♭ Cm | (N.C.)   Cm   B♭ Cm |
    tiger.

| (N.C.)   Cm Gm A♭ | A♭   :|| *Repeat to fade*
                              The eye of the

90

Fields Of Gold

Words & Music by Gordon Matthew Sumner

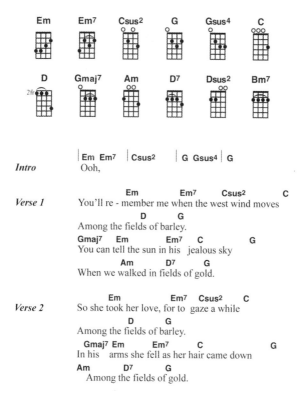

|| Em Em7 | Csus2 | G Gsus4 | G

Intro   Ooh,

Verse 1
          Em   Em7   Csus2   C
You'll re - member me when the west wind moves
              D   G
Among the fields of barley.
Gmaj7 Em   Em7   C   G
You can tell the sun in his jealous sky
          Am   D7   G
When we walked in fields of gold.

Verse 2
          Em   Em7 Csus2 C
So she took her love, for to gaze a while
              D   G
Among the fields of barley.
     Gmaj7 Em   Em7   C   G
In his   arms she fell as her hair came down
Am   D7   G
  Among the fields of gold.

Verse 3

        Em   **Em7**   **Csus2**   **C**
Will you stay with me?   Will you be my love

     D   **G**
Among the fields of barley?

   Gmaj7 **Em**   **Em7**   **C**   **G**
And you can tell the sun in his jealous sky

       Am   **D7**   **G**   **Bm7**
When we walked in fields of gold.

Bridge 1

Csus2   **D**   **G**
I never made promises lightly,

Csus2   **D**   **G**
And there have been some that I've broken,

Csus2   **D**   **Em** **Em7**
But I swear in the days still left,

    Csus2 **Dsus2** **Em** **Em7**
We will walk in fields of gold,

    Csus2 **D**   **G**   **Gmaj7**
We'll walk in fields of gold.

Guitar solo | **Em** **Em7** | **Csus2 C** | **C** **D** | **G** **Gmaj7** |

              | **Em** **Em7** | **C** **G** | **Am D** | **G** **Gmaj7** |

              | **Em** **Em7** | **Csus2 C** | **C** **D** | **G** **Gmaj7** |

              | **Em** **Em7** | **C** **G** | **Am D** | **G** **Bm7** ‖

Bridge 2

Csus2   **D**   **G**
I never made promises lightly,

Csus2   **D**   **G**
And there have been some that I've broken,

Csus2   **D**   **Em** **Em7**
But I swear in the days still left,

    Csus2 **Dsus2** **Em** **Em7**
We will walk in fields of gold,

    Csus2 **D**   **G**   **Gmaj7**
We'll walk in fields of gold.

Interlude

| Em Em7 | Csus2 | G Gsus4 | G

Ooh._____

Verse 4

Gmaj7 Em   Em7   Csus2   C

Many years have passed since those summer days

                    D   G

Among the fields of barley.

Gmaj7 Em   Em7   C   G

See the children run as the sun goes down

Am   D7   G

  As you lie in fields of gold.

Verse 5

                    Em   Em7   Csus2   C

You'll re - member me when the west wind moves

                    D   G

Among the fields of barley.

Gmaj7   Em   Em7   C   G

  You can tell the sun in his jealous sky

                    Am   D7   G

When we walked in fields of gold,

                    Csus2   D   Em

When we walked in fields of gold,

Em7   Csus2   D   N.C.   G

  When we walked in fields of gold.

Outro

| Em Em7 | Csus2 | G Gsus4 | G   ‖

Ooh.

93

The First Cut Is The Deepest

Words & Music by Cat Stevens

G   D   C

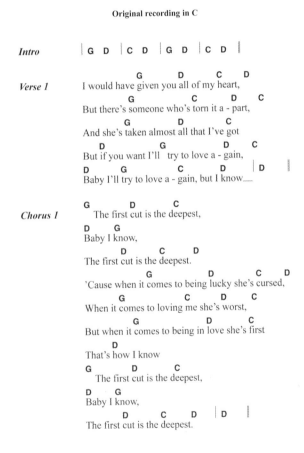

Original recording in C

Intro | G D | C D | G D | C D ||

Verse 1
                    G   D   C   D
I would have given you all of my heart,
                G   C   D   C
But there's someone who's torn it a - part,
              G   D   C
And she's taken almost all that I've got
     D   G   D   C
But if you want I'll   try to love a - gain,
D   G   C   D | D ||
Baby I'll try to love a - gain, but I know___

Chorus 1
G   D   C
    The first cut is the deepest,
D   G
Baby I know,
            D   C   D
The first cut is the deepest.
               G   D   C   D
'Cause when it comes to being lucky she's cursed,
          G   C   D   C
When it comes to loving me she's worst,
            G   D   C
But when it comes to being in love she's first
           D
That's how I know
G   D   C
    The first cut is the deepest,
D   G
Baby I know,
            D   C   D | D ||
The first cut is the deepest.

Verse 2

       G   D   C   D
I still want you by my side,

          G   C   D   C
Just to help me dry the tears that I've cried

            G   D   C
'Cause I'm sure gonna give you a try

     D   G   D   C
And if you want I'll try to love a - gain,

D   G   C   D | D
Baby I'll try to love again, but I know.___

Chorus 2   As Chorus 1

Link | G D | C   D
                      Ba - by I know

Chorus 3   As Chorus 1 *Fade out*

95

Forget You

Words & Music by Thomas Callaway, Ari Levine,
Bruno Mars, Philip Lawrence & Christopher "Brody" Brown

C   D   F   Fm   Em   Am

Dm   G   Em7   G7sus4   D7

Intro | C   D   F   C |

Chorus 1
C   D
I see you driving 'round town with the girl I love
          F   C
And I'm like, forget you.___

                                              D
I guess the change in my pocket   wasn't enough,
        F   C
I'm like, forget you and for - get her too.
                                    D
I said, if I was rich I would still be with ya,
F   C
    Ha, now ain't that some shh?

And although there's pain in my chest
D   F   Fm   C
I still wish you the best with a   forget you.___

Verse 1
C   D
Yeah I'm sorry, I can't afford a Fer - rari,
        F   C
But that don't mean I can't get you there.
                                      D
I guess he's an Xbox and I'm more A - tari,
        F   C
But the way you play your game ain't fair.
                      D   F
I pity the fool that falls in love with you,___

(Oops, she's a gold digger)

96

cont.

    C
Well, (just thought you should know)

       D
Ooh, I've got some news for you,

F   C
   Yeah, go run and tell your little boyfriend.

Chorus 2   As Chorus 1

Verse 2

C   D
Now I know that I had to borrow,

F   C
Beg and steal and lie and cheat.

                D
Trying to keep ya, trying to please ya,

F   C
   'Cause being in love with your ass ain't cheap.

             D   F
I pity the fool that falls in love with you,___

(Oops, she's a gold digger)

C
Well, (just thought you should know)

       D
Ooh, I've got some news for you,

F   C
   I really hate yo ass right now.

Chorus 3   As Chorus 1

Bridge

      Em7   Am7   Dm7   G7sus4
Now baby, baby, baby, why d'you wanna, wanna hurt me so bad?

Em7   Am7   D7
I tried to tell my mamma but she told me, "This is one for your dad."

         G7sus4
Yes she did

D7   F   G   Am7   D7
   Why,   why,   why lady?

            F   G
I love you,   I still love you, oh.

Chorus 4

   (G)   C   D   F

I see you driving 'round town with the girl I love,   forget you.

                                     D

I guess the change in my pocket wasn't enough,

          F   C

I'm like,   forget you and a   forget her too.

                                D

I said, if I was rich I would still be with ya,

F   C

   Ha, now ain't that some shh?

And although there's pain in my chest

             D   F   Fm   C

I still wish you the best with a   forget you.

Free Bird

Words & Music by Allen Collins & Ronnie Van Zant

G   D   Em   F

C   Dsus⁴   Dsus²   B♭

Intro | G | D | Em | Em |

| F | C | Dsus⁴ D | Dsus² D |

‖: G | D | Em | Em | F |

| C | Dsus⁴ D Dsus² D | Dsus⁴ D Dsus² D :‖ *Play 3 times*

Verse 1

G   D   Em
If I leave here tomorrow

F   C   Dsus⁴ D Dsus² D
Would you still remember me?_____

| Dsus⁴ D Dsus² D |

G   D   Em
For I must be travelling on now

F   C   Dsus⁴ D Dsus² D
'Cause there's too many places I've got to see._____

| Dsus⁴ D Dsus² D |

G   D   Em
And if I stay here with you girl,

F   C   Dsus⁴ D Dsus² D
Things just couldn't be the same._____

| Dsus⁴ D Dsus² D |

G   D   Em
'Cause I'm as free as a bird now,

F   C   Dsus⁴ D Dsus² D
And this bird you cannot change, _____

Dsus⁴ D Dsus² D
Oh._____

Chorus 1

F	C		D

Oh, and a bird you cannot change.

F	C		D

And this bird you cannot change.

F	C		D

The Lord knows I can't change.

Instrumental ‖: G | D | Em | Em |

| F | C | Dsus4 D Dsus2 D | Dsus4 D Dsus2 D :‖

Verse 2

G	D		Em

Bye bye baby, it's been sweet love, yeah, yeah,

F	C	Dsus4 D Dsus2 D

Though this feeling I can't change._____

| Dsus4 D Dsus2 D |

G	D	Em

Please don't take this so badly,

F	C	Dsus4 D Dsus2 D

'Cause the Lord knows I'm to blame._____

| Dsus4 D Dsus2 D |

G	D	Em

And if I stay here with you girl,

F	C	Dsus4 D Dsus2 D

Things just couldn't be the same._____

| Dsus4 D Dsus2 D |

G	D	Em

'Cause I'm as free as a bird now

F	C	Dsus4 D Dsus2 D

And this bird you cannot change,_____

Dsus4 D Dsus2 D
Oh._____

	F C D
Chorus 2	Oh, and a bird you cannot change.

F   C   D

Chorus 2   Oh, and a bird you cannot change.

F   C   D

   And this bird you cannot change.

F   C   D

   The Lord knows I can't change.

F   C   D

   Lord, help me, I can't change.

G B♭   C

Middle   Lord, I can't change.

               G B♭ C

Won't you fly____ freebird, yeah.

Guitar Solo ‖: G | B♭ | C | C   :‖ *Repeat to fade*

Give A Little Bit

Words & Music by Rick Davies & Roger Hodgson

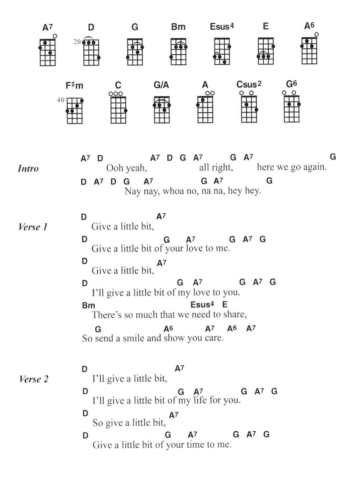

Intro	**A⁷ D** **A⁷ D G A⁷** **G A⁷** **G**
	Ooh yeah, all right, here we go again.
	D A⁷ D G A⁷ **G A⁷** **G**
	Nay nay, whoa no, na na, hey hey.

Verse 1	**D** **A⁷**
	Give a little bit,
	D **G A⁷** **G A⁷ G**
	Give a little bit of your love to me.
	D **A⁷**
	Give a little bit,
	D **G A⁷** **G A⁷ G**
	I'll give a little bit of my love to you.
	Bm **Esus⁴ E**
	There's so much that we need to share,
	G **A⁶** **A⁷ A⁶ A⁷**
	So send a smile and show you care.

Verse 2	**D** **A⁷**
	I'll give a little bit,
	D **G A⁷** **G A⁷ G**
	I'll give a little bit of my life for you.
	D **A⁷**
	So give a little bit,
	D **G A⁷** **G A⁷ G**
	Give a little bit of your time to me.

cont.

Bm   Esus4   E
    See the man with the lonely   eyes,

    G   A6   A7   A6   A7
Oh take his hand, you'll be   surprised.

Bridge

                 F♯m   Bm   F♯m   Bm   F♯m
Oh, ___ take it,   oh, ___   come along.

G
Yeah, yeah, yeah, yeah.

C   G   A7   A6   A7   A6
Yeah, yeah, yeah, yeah, yeah, yeah.

A7   A6   A7   A6   A7   A6   A7   G/A
Ah, _____ ah. _____

Verse 3

D   A7
    Give a little bit,

D   G   A7   G   A7 G
    Give a little bit of your love to me.

D   A7
    Give a little bit,

D   G   A7   G   A7 G
    I'll give a little bit of my life for you.

Bm   Esus4   E
    Now's the time that we need to share,

    G   C   G   A7   A6   A7   A6
So find yourself, we're on our way back home.   Oh. ___

Outro

         A7   A6   A7
Going home,

                     A6   A7   A6
Don't you need, don't you need to feel at home?

A7   A6
    Oh yeah, we gotta sing.

D G   A   G   D   C
              Ooh you gotta get a feeling,

G   D   G   A   G   D
Ooh, ___ yeah, come along too.

                 C   G   D
You come along too, yeah,   come on, come on, come on, come along.

D G   A   G   D C   G   D
                    Ooh, ___ yeah, come along too.

D G   A   G   D   C   G   D
              You come along too, yeah,

C   G   D C   G   D   Csus2   G6
Oh, _____ come along too, for a long ride,

            Csus2 G6   A7   D   G   A   G   D
Come a long way,   oh sing it tonight.

Go Your Own Way

Words & Music By Lindsey Buckingham

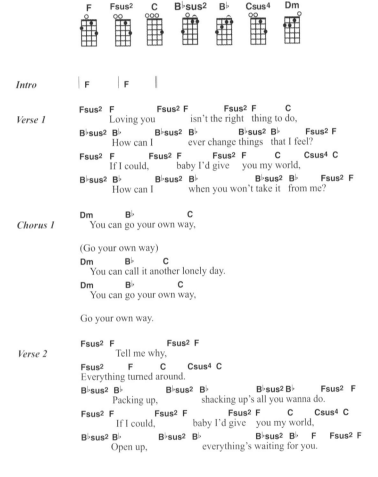

Intro | F | F ‖

Verse 1

Fsus² F Fsus² F Fsus² F C
Loving you isn't the right thing to do,

B♭sus² B♭ B♭sus² B♭ B♭sus² B♭ Fsus² F
How can I ever change things that I feel?

Fsus² F Fsus² F Fsus² F C Csus⁴ C
If I could, baby I'd give you my world,

B♭sus² B♭ B♭sus² B♭ B♭sus² B♭ Fsus² F
How can I when you won't take it from me?

Chorus 1

Dm B♭ C
You can go your own way,

(Go your own way)

Dm B♭ C
You can call it another lonely day.

Dm B♭ C
You can go your own way,

Go your own way.

Verse 2

Fsus² F Fsus² F
Tell me why,

Fsus² F Csus⁴ C
Everything turned around.

B♭sus² B♭ B♭sus² B♭ B♭sus² B♭ Fsus² F
Packing up, shacking up's all you wanna do.

Fsus² F Fsus² F Fsus² F C Csus⁴ C
If I could, baby I'd give you my world,

B♭sus² B♭ B♭sus² B♭ B♭sus² B♭ F Fsus² F
Open up, everything's waiting for you.

| *Chorus 2* | As Chorus 1 |

| *Guitar solo* | | **Fsus²** **F** | **Fsus²** **F** | **Fsus²** **F** | **C** | |

| | **B♭sus²** **B♭** | **B♭sus²** **B♭** | **B♭sus²** **B♭** | **F** | |

| | **Fsus²** **F** | **Fsus²** **F** | **Fsus²** **F** | **C** | |

| | **B♭sus²** **B♭** | **B♭sus²** **B♭** | **B♭sus²** **B♭** | **F** ‖

Chorus 3

Dm   **B♭**   **C**
  You can go your own way,

(Go your own way)
Dm   **B♭**   **C**
  You can call it anoth - er lonely day.

(Another lonely day)
Dm   **B♭**   **C**
  You can go your own way,

(Go your own way)
Dm   **B♭**   **C**
  You can call it anoth - er lonely day.

Outro   ‖: **Dm** | **B♭** | **C** | **C** :‖ *Repeat to fade*

God Only Knows

Words & Music by Brian Wilson & Tony Asher

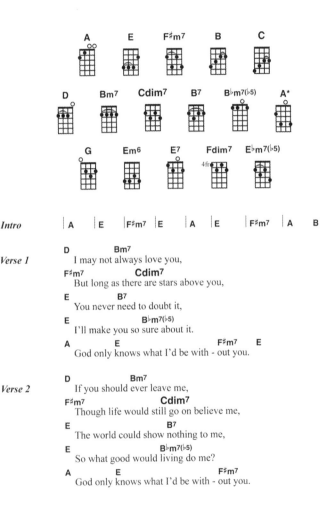

Intro
| A | E | F♯m7 | E | A | E | F♯m7 | A   B C |

Verse 1

D   Bm7
I may not always love you,

F♯m7   Cdim7
But long as there are stars above you,

E   B7
You never need to doubt it,

E   B♭m7(♭5)
I'll make you so sure about it.

A   E   F♯m7 E
God only knows what I'd be with - out you.

Verse 2

D   Bm7
If you should ever leave me,

F♯m7   Cdim7
Though life would still go on believe me,

E   B7
The world could show nothing to me,

E   B♭m7(♭5)
So what good would living do me?

A   E   F♯m7
God only knows what I'd be with - out you.

Instrumental	A*	G	A*	G	
	G	Em6	Bm7	E7	
	A*	Fdim7	A*	E♭m7(♭5)	

D   A   Bm7
God only knows what I'd be with - out you.

Verse 3

D   Bm7
If you should ever leave me,

F♯m7   **Cdim7**
Though life would still go on believe me.

E   B7
The world could show nothing to me,

E   B♭m7(♭5)
So what good would living do me?

A   E   F♯m7   E
God only knows what I'd be with - out you.

Outro

‖: A   E   F♯m7   E
God only knows what I'd be with - out you,

(God only knows what I'd be without you)

A   E   F♯m7   E
God only knows what I'd be with - out you,

(God only knows what I'd be without you) :‖ *Repeat to fade*

God Put A Smile Upon Your Face

Words & Music by Guy Berryman, Jonny Buckland, Will Champion & Chris Martin

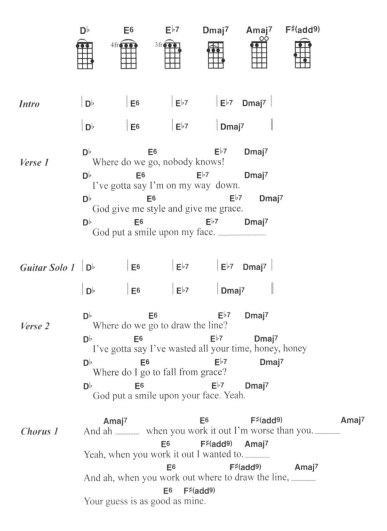

Intro | D♭ | E6 | E♭7 | E♭7 Dmaj7 |

| D♭ | E6 | E♭7 | Dmaj7 ‖

Verse 1
D♭   E6   E♭7   Dmaj7
Where do we go, nobody knows!

D♭   E6   E♭7   Dmaj7
I've gotta say I'm on my way down.

D♭   E6   E♭7   Dmaj7
God give me style and give me grace.

D♭   E6   E♭7   Dmaj7
God put a smile upon my face. _____

Guitar Solo 1 | D♭ | E6 | E♭7 | E♭7 Dmaj7 |

| D♭ | E6 | E♭7 | Dmaj7 ‖

Verse 2
D♭   E6   E♭7   Dmaj7
Where do we go to draw the line?

D♭   E6   E♭7   Dmaj7
I've gotta say I've wasted all your time, honey, honey

D♭   E6   E♭7   Dmaj7
Where do I go to fall from grace?

D♭   E6   E♭7   Dmaj7
God put a smile upon your face. Yeah.

Chorus 1
          Amaj7   E6   F♯(add9)   Amaj7
And ah _____ when you work it out I'm worse than you. _____

          E6   F♯(add9)   Amaj7
Yeah, when you work it out I wanted to. _____

                      E6   F♯(add9)   Amaj7
And ah, when you work out where to draw the line, _____

                  E6   F♯(add9)
Your guess is as good as mine.

Guitar Solo 2 | D♭ | E6 | E♭7 | E♭7 Dmaj7 |

| D♭ | E6 | E♭7 | Dmaj7 ‖

       D♭   E6   E♭7   Dmaj7

Verse 3   Where do we go nobody knows

       D♭   E6   E♭7   Dmaj7

      Don't ever say you're on your way down

        D♭   E6   E♭7   Dmaj7

When God gave you style and gave you grace,

D♭   E6   E♭7   Dmaj7

      And put a smile upon your face, oh yeah.

        Amaj7   E6   F♯(add9)   Amaj7

Chorus 2 And ah, when you work it out I'm worse than you. _____

             E6   F♯(add9)   Amaj7

Yeah, when you work it out I wanted to. _____

               E6   F♯(add9)   Amaj7

And ah, when you work out where to draw the line, _____

             E6   F♯(add9) D♭ E6 E♭7

Your guess is as good as mine. _____

        Dmaj7   D♭ E6 E♭7

It's as good as mine. _____

        Dmaj7   D♭ E6 E♭7

It's as good as mine. _____

        Dmaj7   D♭ E6

It's as good as mine. _____

E♭7

Na na na na na na na na na na

        Dmaj7 Amaj7   E6

It's as good as mine. _____

F♯(add9)   Amaj7   E6

It's as good as mine. _____

F♯(add9)   Amaj7 E6   F♯(add9)

It's as good as mine. _____

      D♭   E6   E♭7   Dmaj7

Outro   Where do we go nobody knows

      D♭   E6   E♭7   Dmaj7

Don't ever say you're on your way down

       D♭   E6   E♭7 Dmaj7

When God gave you style and gave you grace

D♭   E6   E♭7   Dmaj7

      And put a smile upon your face.

109

Get Lucky

*Words & Music by Thomas Bangalter, Pharrell Williams,
Guy-Manuel de Homem-Christo & Nile Rodgers*

Bm   D   F♯m   E

Intro   ‖: Bm | D | F♯m | E :‖ *Play 4 times*

Verse 1

  (E)   Bm
Like the legend of the Phoenix
 D   F♯m
 All ends with be - ginnings,
 E   Bm   D
 What keeps the planet spinning, uh huh,
        F♯m E
The force from the be - ginning.

Pre chorus 1

Bm   D
We've come too far
   F♯m   E
To give up who we are.
  Bm   D
So let's raise the bar
    F♯m   E
And our cups to the stars.

Chorus 1

Bm
 She's up all night to the sun,
D
 I'm up all night to get some,
F♯m
 She's up all night for good fun,
E
 I'm up all night to get lucky.
Bm
 We're up all night to the sun,
D
 We're up all night to get some,
F♯m
 We're up all night for good fun,
E
 We're up all night to get lucky.

Bridge 1

Bm
   We're up all night to get lucky,

D
   We're up all night to get lucky,

F#m
   We're up all night to get lucky,

E
   We're up all night to get lucky.

Link 1 | Bm | D | F#m | E |

Verse 2

(E)   Bm
The present has no ribbon,

D   F#m
   Your gift keps on giving,

E   Bm
   What is this I'm feeling?

D   F#m   E
   If you wanna leave, I'm ready, ah.

Pre chorus 2

Bm   D
We've come too far

     F#m   E
To give up who we are.

     Bm   D
So let's raise the bar

     F#m   E
And our cups to the stars.

Chorus 2   As Chorus 1

Bridge 2   As Bridge 1

Chorus 3	As Chorus 1
Bridge 3	As Bridge 1
Chorus 4	As Chorus 1
Bridge 4	‖: As Bridge 1 :‖ *Play 6 times (w/synth vox. ad lib.)*
Pre chorus 3	As Pre chorus 1
Chorus 5	As Chorus 1
Bridge 5	‖: As Bridge 1 :‖ *Play 4 times*
Outro	‖: Bm │ D │ F♯m │ E :‖ *Repeat to fade*

Have I Told You Lately

Words & Music by Van Morrison

F#m11   B7sus4   E   G#m   Amaj7

Intro | F#m11 | B7sus4 | |

| E G#m7 | Amaj7 B7sus4 | E   G#m7 | Amaj7 B7sus4 |

| Amaj7 | G#m7 | F#m11 B7sus4 | E   B7sus4 ‖

(Have I)

Chorus 1

      E   G#m7   Amaj7   B7sus4
Have I told you lately that I love you?

E   G#m7   Amaj7   B7sus4 Amaj7
  Have I told you there's no one a - bove you?

                   G#m7
Fill my heart with gladness,

                     F#m11
Take away my sadness and

       B7sus4   E   B7sus4
Ease my troubles, that's what you do.

Verse 1

      E   G#m7   Amaj7 B7sus4
  Oh the morn - ing sun in all its glory,

      E   G#m7   Amaj7 B7sus4 Amaj7
  Greets the day with hope and comfort too.

                     G#m7
And you fill my life with laughter,

                 F#m11
You can make it better,

       B7sus4   E   F#m11 G#m7
Ease my troubles that's what you do.

Bridge 1

Amaj7
There's a love that's divine,

                          G♯m7
And it's yours and it's mine like the sun.

Amaj7
At the end of the day,

                      G♯m7 **B7sus4**
We should give thanks and pray to the One.

Chorus 2

    E   **G♯m7**   **Amaj7**   **B7sus4**
Say,   have I told you   lately that I love you?

    E   **G♯m7**   **Amaj7**   **B7sus4** **Amaj7**
Have I told you there's no one a - bove you?

                      G♯m7
Fill my heart with gladness,

                F♯m11
Take away my sadness,

        B7sus4   **E**   **B7sus4**
Ease my troubles, that's what you do.

Piano Solo

| **E** | **G♯m7** | **Amaj7** | **B7sus4** |

| **E** | **G♯m7** | **Amaj7** | **B7sus4** |

| **Amaj7** | | **G♯m7** | |

| **F♯m11** | **B7sus4** | **E F♯m11** | **G♯m7** |

Bridge 2

Amaj7
There's a love that's divine,

And it's yours and it's mine,

      G♯m7
And it shines like the sun.

      Amaj7
At the end of the day,

                      G♯m7   **B7sus4**
We will give thanks and pray to the One.

Chorus 3

    E   **G♯m⁷**   **Amaj⁷**   **B⁷sus⁴**
Have I told you lately that I love you?

E   **G♯m⁷**   **Amaj⁷**   **B⁷sus⁴** **Amaj⁷**
Have I told you there's no one   above you?

                G♯m⁷
Fill my heart with gladness,

                F♯m¹¹
Take away my sadness and

    B⁷sus⁴   **E**   **F♯m¹¹** **G♯m⁷**
Ease my troubles, that's what you do.

Outro

Amaj⁷   **G♯m⁷**
Take away my sadness,

            F♯m¹¹
Fill my life with gladness yeah,

    B⁷sus⁴   **E**   **F♯m¹¹** **G♯m⁷** **Amaj⁷**
Ease my troubles that's what you do.

                G♯m⁷
Fill my life with gladness,

            F♯m¹¹
Take away my sadness,

    B⁷sus⁴   **E**
Ease my troubles that's what you do.

Hallelujah

Words & Music by Leonard Cohen

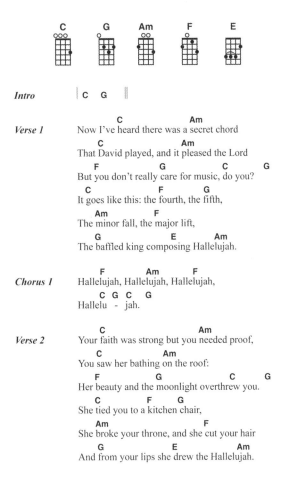

Intro | C   G ||

Verse 1
                           C   Am
          Now I've heard there was a secret chord
                    C   Am
          That David played, and it pleased the Lord
                    F   G   C   G
          But you don't really care for music, do you?
          C   F   G
          It goes like this: the fourth, the fifth,
              Am   F
          The minor fall, the major lift,
              G   E   Am
          The baffled king composing Hallelujah.

Chorus 1
                    F   Am   F
          Hallelujah, Hallelujah, Hallelujah,
                    C G C   G
          Hallelu - jah.

Verse 2
                    C   Am
          Your faith was strong but you needed proof,
                    C   Am
          You saw her bathing on the roof:
                    F   G   C   G
          Her beauty and the moonlight overthrew you.
              C   F   G
          She tied you to a kitchen chair,
              Am   F
          She broke your throne, and she cut your hair
              G   E   Am
          And from your lips she drew the Hallelujah.

Chorus 2

      F   **Am**   **F**
Hallelujah, Hallelujah, Hallelujah,

      C **G** **C**   **G**
Hallelu - jah.

Verse 3

    C   **Am**
You say I took the name in vain,

C   **Am**
I don't even know the name,

     F   **G**   **C**   **G**
But if I did, well really, what's it to you?

        C   **F**   **G**
There's a blaze of light in every word,

Am   **F**
It doesn't matter which you heard:

    G   **E**   **Am**
The holy or the broken Hallelujah.

Chorus 3

      F   **Am**   **F**
Hallelujah, Hallelujah, Hallelujah,

      C **G** **C**   **G**
Hallelu - jah.

Verse 4

    C   **Am**
I did my best, it wasn't much,

    C   **Am**
I couldn't feel, so I tried to touch.

     F   **G**   **C**   **G**
I've told the truth, I didn't come to fool you

    C   **F**   **G**
And even though it all went wrong

Am   **F**
I'll stand before the Lord of Song

    G   **E**   **Am**
With nothing on my tongue but Hallelujah.

Chorus 4

      F   **Am**   **F**
‖: Hallelujah, Hallelujah, Hallelujah,

     C   **G**
Hallelu - jah.   :‖   *Repeat to fade*

Hey Ya!

Words & Music by André Benjamin

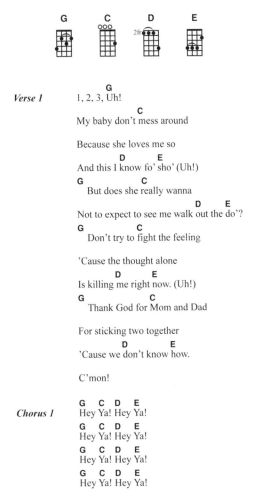

Verse 1

      G
1, 2, 3, Uh!

          C
My baby don't mess around

Because she loves me so

     D   **E**
And this I know fo' sho' (Uh!)

G   **C**
  But does she really wanna

                       D   **E**
Not to expect to see me walk out the do'?

G   **C**
  Don't try to fight the feeling

'Cause the thought alone

      D   **E**
Is killing me right now. (Uh!)

G   **C**
  Thank God for Mom and Dad

For sticking two together

       D   **E**
'Cause we don't know how.

C'mon!

Chorus 1

G **C** **D** **E**
Hey Ya! Hey Ya!
G **C** **D** **E**
Hey Ya! Hey Ya!
G **C** **D** **E**
Hey Ya! Hey Ya!
G **C** **D** **E**
Hey Ya! Hey Ya!

Verse 2

G
   You think you've got it
C
Oh, you think you've got it

But got it just don't get it
         D   E
'Til there's nothing at all. (Ah!)
G
   We get together
C
Oh, we get together

But separate's always better
          D   E
When there's feelings in - volved. (Oh!)
G   C
   If what they say is "nothing is forever"

Then what makes,

Then what makes,
     D
Then what makes,
     E
Then what makes,

Then what makes, (What makes? What makes?)

Love the exception?
G
   So why oh, why oh
C
Why oh, why oh, why oh

Are we so in denial
      D   E   N.C.
When we know we're not happy here?

Chorus 2

        G   C
Y'all don't want to hear me, you just want to dance,
           (Hey   Ya!)
D   E
(Hey Ya!)

                       G   C
Don't want to meet your daddy,   just want you in my Caddy
                        (Hey   Ya!)

119

cont.

    D E
(Hey Ya!)

                    G   **C**
Don't want to meet your momma,   just want to make you come-a
                     (Hey   Ya!)

D   **E**
    I'm,   I'm
(Hey   Ya!)

G   **C**   **D**   **E**
   I'm just being honest, I'm just being honest
(Hey   Ya!)   (Hey Ya!)

Verse 3

Hey! Alright now!

            G   **C**
Alright now, fellas! (Yeah!)

                            D E
Now what's cooler than being cool? (Ice cold!)

I can't hear ya!

                      G   **C**
I say what's, what's cooler than being cool? (Ice cold!)

                    D   **E**
Alright, alright, alright, alright, al - right, alright, al - right,

Alright, alright, alright, alright, alright, alright, alright,

            G   **C**
Okay now, ladies! (Yeah!)

                                D   **E**
Now we gon' break this thing down in just a few seconds

                            G
Now don't have me break this thing down for nothin!

  C
Now I wanna see y'all on y'all baddest behaviour!

D   **E**
Lend me some sugar!

I am your neighbour!

Ah! Here we go! Uh!

120

Breakdown

(D)
Shake it, sh-shake it
      (C)
Shake it, sh-shake it

Shake it, sh-shake it
(D)
Shake it, shake it
(E)
Sh-shake it

                    (D)
Shake it like a Polaroid picture (Hey ya!)
(C)
Shake it, sh-shake it (Ok!)

Shake it, sh-shake it

(D)
Shake it, shake it (Ok!)
(E)
Shake it, sh-shake it (Shake it sugar!)

Shake it like a Polaroid picture

        (D)   **(C)**
Now all Beyonce's and Lucy Lui's and baby dolls
(D)   **(E)**
   Get on the floor

(Git on the flo')

              (D) (C)
You know what to do,

                    (D)
You know what to do,
(E)
   You know what to do.

Chorus 3

‖:   **G   C**   **D   E**
Hey Ya! (Oh oh!) Hey Ya! (Oh oh!)
G   C   **D   E**
Hey Ya! (Oh oh!) Hey Ya! (Oh oh! Hey Ya!)
G   C   **D   E**
Hey Ya! (Oh oh!) Hey Ya! (Oh oh!)
G   C   **D   E**
Hey Ya! (Oh oh!) Hey Ya! (Oh oh!) :‖ *Repeat to fade*

121

Hey, Soul Sister

Words & Music by Espen Lind, Patrick Monahan & Amund Bjoerklund

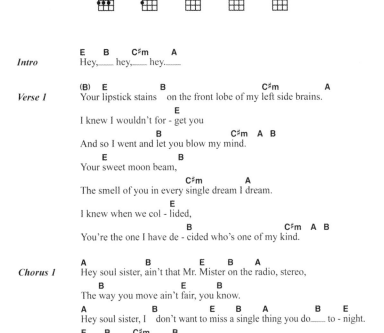

E	B	C#m	A	C#m7

Intro

    E   B   C#m   A
Hey,____ hey,____ hey.____

Verse 1

(B)   E   B   C#m   A
Your lipstick stains   on the front lobe of my left side brains.
                           E
I knew I wouldn't for - get you
                          B   C#m A B
And so I went and let you blow my mind.
    E   B
Your sweet moon beam,
                        C#m   A
The smell of you in every single dream I dream.
                  E
I knew when we col - lided,
                              B   C#m A B
You're the one I have de - cided who's one of my kind.

Chorus 1

A   B   E   B   A
Hey soul sister, ain't that Mr. Mister on the radio, stereo,
    B   E   B
The way you move ain't fair, you know.
A   B   E   B   A   B   E
Hey soul sister, I   don't want to miss a single thing you do____ to - night.
E   B   C#m   B
Hey,____ hey,____ hey.____

Verse 2

```
       E           B                      C#m                    A
Just in time,   I'm so glad you have a one-track mind like me.
                              E
You gave my life di - rection,
                         B                  C#m  A  B
A game show love con - nection we can't de - ny, ay, ay.___
              E        B
I'm so obsessed,
                       C#m                    A
My heart is bound to beat right out my untrimmed chest.
              E                          B
I believe in you, like a virgin, you're Ma - donna,
                       C#m              A    B
And I'm always gonna wanna blow your mind.___
```

Chorus 2   As Chorus 1

Bridge

```
    E                      B                              C#m
The way you can cut a rug,   watching you's the only drug I need.
                                       A
You're so gangsta, I'm so thug, you're the only one I'm dreaming of.
        E                          B
You see, I can be myself now final - ly,
                          C#m
In fact there's nothing I can't be.
           C#m7              A       B
I want the world to see you be with   me.
```

Chorus 3

```
    A              B           E    B    A
Hey soul sister, ain't that Mr. Mister on the radio, stereo,
        B                  B    E
The way you move ain't fair, you know.
    A              B           E    B    A              B
Hey soul sister, I   don't want to miss a single thing you do to - night.
    A              B           E    B    A         B    E
Hey soul sister, I   don't want to miss a single thing you do___ to - night.
        B    C#m      A
Hey,___ hey, ___hey.___
          E        B    C#m      A  B
To - night, hey,___ hey,___ hey___
          E
To - night.
```

123

Highway To Hell

Words & Music by Angus Young, Malcolm Young & Bon Scott

Intro   A5 ‖: N.C. D   G5 | N.C.   D   G5 |

| D G5   D A5 | A5 N.C.   A5 :‖

Verse 1
A5   D   G5   D   G5
  Livin' easy,   livin' free,
D   G5   D   A5
Season ticket on a one way ride.
              D   G5   D   G5
Askin' nothin',   leave me be,
D   G5   D   A5
  Takin' ev'ry - thin' in my stride.
              D   G5   D   G5
Don't need reason,   don't need rhyme,
D   G5   D   A5
  Ain't nothin' I'd rather do.
              D   G5   D   G5
Goin' down,   party time,
D   G5   D   E5
  My friends are gonna be there too.

Chorus 1
E5   A5   D
  I'm on the highway to Hell,
G5 D   A5   D
  On the highway to Hell.
G5   D   A5   D
  I'm on the highway to Hell,
G5   D   A5   D | D   A5 ‖
  I'm on the highway to Hell.

Verse 2
A5   D   G5   D   G5
  No stop signs,   speed limit,
D   G5 D   A5
  Nobody's gonna slow me down.

cont.

         D   **G5**   **D**   **G5**
Like a wheel,   gonna spin it,

D   **G5**   **D**   **A**
    Nobody's gonna mess me around.

         D   **G5**   **D**   **G5**
Hey Satan,   pay'n' my dues,

D   **G5** **D**   **A**
    Playin' in a rockin' band.

        D   **G5**   **D**   **G5**
Hey, Momma,   look at me,

D   **G5**   **D**   **E5**
I'm on my way to the promised land.

Chorus 2

E5   **A**   **D**
    I'm on the highway to Hell,

G5   **D**   **A**   **D**
        Highway to Hell.

G5   **D**   **A**   **D**
    I'm on the highway to Hell,

G5   **D**   **A**   **D** | **D**   **Dsus4**   **D** |
        Highway to Hell.

D | **D**   **Dsus4**   **D** | **D**   **Dsus4**   **D**   ‖
Don't stop me!

Guitar solo   ‖: **A**   **D** | **D**   **G5 D** :‖ *Play 4 times*

Chorus 3

(G5   **D)**   **A**   **D**
    I'm on the highway to Hell,

G5 **D**   **A**   **D**
    On the highway to Hell.

G5   **D**   **A**   **D**
    I'm on the highway to Hell,

G5   **D**   **A** | **N.C. G5** **D** ‖
    I'm on the highway to...

Chorus 4

         A   **D**
I'm on the highway to Hell,

G5 **D**   **A**   **D**
    On the highway to Hell.

G5   **D**   **A**   **D**
    I'm on the highway to Hell,

G5   **D**   **A**   **D**
    I'm on the highway to Hell.

                        A
And I'm goin' down all the way,

On the highway to Hell.

Ho Hey

Words & Music by Jeremy Fraites & Wesley Schultz

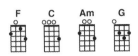

F   C   Am   G

Intro
   F | C   F | C   F | C   F | C   F | C ‖
   (Ho!)   (Hey!)   (Ho!)   (Hey!)   (Ho!)

Verse 1
                                            F C
I've been trying to do it right, (Hey!)

                                    F C
I've been living a lonely life. (Ho!)

                                     F C
I've been sleeping here instead, (Hey!)

                                 Am
I've been sleeping in my bed, (Ho!)

                       G   F C   F C F C
I've been sleeping in my bed. (Hey! Ho! Hey!)

Verse 2
                      F C
So show me family, (Hey!)

                              F C
All the blood that I will bleed. (Ho!)

                            F C
I don't know where I belong, (Hey!)

                              Am
I don't know where I went wrong. (Ho!)

                   G   F C
But I can write a song. (Hey!)

Chorus 1
                  Am   G
I belong with you, you belong with me,

                C
You're my sweet - heart.

                  Am   G
I belong with you, you belong with me,

              F   C
You're my sweet. (Ho!)

Link 1 | (C)   F | C   F | C   F | C   F | C
(Hey!)   (Ho!)   (Hey!)   (Ho!)

                                      F C

Verse 3 I don't think you're right for him, (Hey!)

                                      F   C

Think of what it might've been if you (Ho!)

                         F C

Took a bus to Chinatown, (Hey!)

                           Am   G   F C   Am

I'd be standing on Canal (Ho!) and Bowery. (Hey! Ho!)

                         G   F C

And she'd be standing next to me. (Hey!)

                    Am   G

Chorus 2 I belong with you, you belong with me,

                C

You're my sweet - heart.

                    Am   G

I belong with you, you belong with me,

                C

You're my sweet - heart.

          F   G   C

Bridge And love, we need it now,

          F   G

Let's hope for some.

          F   G   C

'Cause oh, we're bleeding now.

Chorus 3 As Chorus 1

Outro | (C)   F | C   F | C   F | C
(Hey!)   (Ho!)   (Hey!)

Hound Dog

Words & Music by Jerry Leiber & Mike Stoller

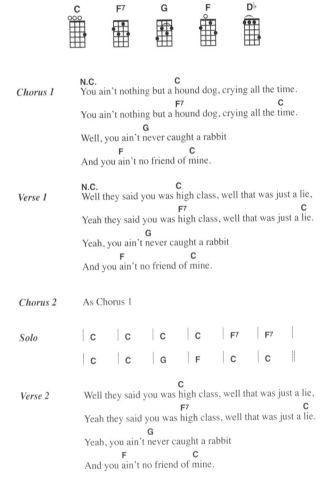

Chorus 1

N.C.   C
You ain't nothing but a hound dog, crying all the time.
               F7   C
You ain't nothing but a hound dog, crying all the time.
                 G
Well, you ain't never caught a rabbit
           F   C
And you ain't no friend of mine.

Verse 1

N.C.   C
Well they said you was high class, well that was just a lie,
                      F7   C
Yeah they said you was high class, well that was just a lie.
                 G
Yeah, you ain't never caught a rabbit
           F   C
And you ain't no friend of mine.

Chorus 2   As Chorus 1

Solo

| C | C | C | C | F7 | F7 |
| C | C | G | F | C | C |

Verse 2

                   C
Well they said you was high class, well that was just a lie,
                      F7   C
Yeah they said you was high class, well that was just a lie.
                 G
Yeah, you ain't never caught a rabbit
           F   C
And you ain't no friend of mine.

Solo | C | C | C | C | F7 | F7 |

          | C | C | G | F | C | C   ‖

Verse 3
                                    C
          Well they said you was high class, well that was just a lie,
                                         F7   **C**
          You know they said you was high class, well that was just a lie.
                                 G
          Yeah, you ain't never caught a rabbit
          N.C.   **C**
          You ain't no friend of mine.

Chorus 3
          N.C.   **C**
          You ain't nothing but a hound dog, crying all the time.
                                 F7   **C**
          You ain't nothing but a hound dog, crying all the time.
                                 G
          Well, you ain't never caught a rabbit
                   F   **C**   **D♭ C**
          And you ain't no friend of mine.

How Deep Is Your Love

Words & Music by Barry Gibb, Maurice Gibb & Robin Gibb

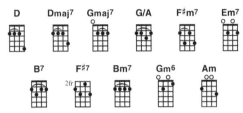

To match recording tune ukulele up a semitone

Intro ‖: D | Dmaj7 | Gmaj7 | G/A :‖

Verse 1
         D   F♯m7 Em7
I know your eyes in the morning sun,
B7   Em7   F♯7   G/A
I feel you touch me in the pouring rain,
         D   F♯m7 Bm7
And the moment that you wander far from me
    Em7   G/A
I wanna feel you in my arms again.
      Gmaj7   F♯m7
And you come to me on a summer breeze,
      Em7   Gm6
Keep me warm in your love, then you softly leave
     F♯m7   G/A
And it's me you need to show: (How deep is your love)

Chorus 1
       D   Dmaj7
How deep is your love, how deep is your love,
Gmaj7   Gm6
I really mean to learn.
       D   Am
'Cause we're living in a world of fools
         B7   Em7
Breaking us down, when they all should let us be,
     Gm6
We belong to you and me.

Verse 2

     D   **F#m7**   **Em7**
I believe in you,

B7   **Em7**   **F#7**   **G/A**
You know the door to my very soul,

            D   **F#m7**   **Bm7**
You're the light in my deepest, darkest hour,

       Em7   **G/A**
You're my saviour when I fall.

       Gmaj7   **F#m7**
And you may not think that I care for you

      Em7   **Gm6**
When you know down inside that I really do,

     F#m7   **G/A**
And it's me you need to show.

Chorus 2   As Chorus 1

Instrumental | D F#m7 | Em7 B7 | Em7 F#7 | G/A |

                  | D F#m7 | Bm7 | Em7 | G/A ||

Verse 3

      Gmaj7   **F#m7**
And you come to me on a summer breeze,

      Em7   **Gm6**
Keep me warm in your love, then you softly leave

    F#m7   **G/A**
And it's me you need to show: (How deep is your love)

Chorus 3

        D   **Dmaj7**
||: How deep is your love, how deep is your love,

Gmaj7   **Gm6**
I really mean to learn.

        D   **Am**
'Cause we're living in a world of fools

       B7   **Em7**
Breaking us down, when they all should let us be,

     Gm6
We belong to you and me.

| D F#m7 | G/A | G/A   :|| *Repeat to fade*

131

Heaven

Words & Music by Bryan Adams & Jim Vallance

| C | Am | G | F | Dm | B♭ | Gsus⁴ |

Intro | C   Am | G   F | C   Am | G   F ‖

Verse 1

   C   Am   G
Oh, thinking about all our younger years,

         Dm   Am
There was only you and me.

       B♭   Gsus⁴ G
We were young and wild and free,

 C   Am   G
Now nothing can take you away from me.

      Dm   Am
We've been down that road before

   B♭   F
But that's over now,

      Gsus⁴   G
You keep me coming back for more.

Chorus 1

F   G   Am
Baby you're all that I want:

          C   F
When you're lying here in my arms

          G   Am   G
I'm finding it hard to believe, we're in heaven.

   F   G   Am
And love is all that I need

        C   F
And I found it there in your heart,

        G   Am   G
It isn't too hard to see we're in heaven.

Link | C   Am | G   F   ‖

Verse 2
    C   Am   G
    Oh, once in your life you find someone
          Dm   Am
    Who will turn your world around,
              B♭   Gsus4 G
    Bring you up when you're feeling down.
    C   Am   G
      Yeah, nothing could change what you mean to me.
              Dm   Am
    Oh, there's lots that I could say
          B♭   F
    But just hold me now,
              Gsus4   G
    'Cause our love will light the way.

Chorus 2
          F   G   Am
    And baby you're all that I want
                  C   F
    When you're lying here in my arms
              G   Am   G
    I'm finding it hard to believe we're in heaven.
          F   G   Am
    Yeah, love is all that I need
              C   F
    And I found it there in your heart,
          G   Am   G
    It isn't too hard to see we're in heaven.

Middle
    Dm   C   F
      I've been waiting for so long
              G   Am   G
    For something to arrive, for love to come along. ____
    C Dm   C   F
        Now our dreams are   coming true
                          C
    Through the good times and the bad.
              Gsus4   G
    Yeah, I'll be standing there by you.

Solo | F G Am | C F | F G Am | G   ‖

133

Chorus 3

       F   **G**   **Am**
And baby you're all that I want:

              C   **F**
When you're lying here in my arms

              G   **Am**   **G**
I'm finding it hard to believe we're in heaven.

     F   **G**   **Am**
And love is all that I need

        C   **F**
And I found it there in your heart,

        G   **Am**   **G**
It isn't too hard to see we're in heaven, _____

Heaven. _____

Coda

| **F** **G** **Am** | **C**   **F** | |

      F   **G**
You're all that I want,

     Am   **G**
You're all that I need. _____ *Fade out*

I Say A Little Prayer

Words by Hal David
Music by Burt Bacharach

Intro | F♯m | Bm7 | Bm7 | E | Amaj7 | D | C♯7 ‖

Verse 1

F♯m   Bm7
   The moment I wake up,

           E   Amaj7
Before I put on my make-up

D   C♯7
I say a little prayer for you.

F♯m   Bm7
   And while combing my hair now

               E   Amaj7
And wond'ring what dress to wear now,

D   C♯7
I say a little prayer for you.

Chorus 1

        D   E   C♯m   F♯m
Forever, forever, you'll stay in my heart

          Bm7   A7   D   E
And I will love   you forever and ever.

    C♯m   F♯m
We never will part,

         Bm7   A7
Oh, how I'll love   you.

      D   E   C♯m   F♯m
Together, together, that's how it must be.

        Bm7   A7
To live without   you

      D   C♯7
Would only mean heart-break for me.

Verse 2

F#m   Bm7
 I run for the bus, dear,

      E Amaj7
While riding, I think of us, dear,

 D   C#7
I say a little prayer for you.

F#m   Bm7
 At work I just take time

      E Amaj7
And all through my coffee break time

 D   C#7
I say a little prayer for you.

Chorus 2

   D E   C#m   F#m
𝄆 Forever, forever, you'll stay in my heart

    Bm7 A7 D E
And I will love you forever and ever.

  C#m   F#m
We never will part,

     Bm7 A7
Oh, how I'll love you.

   D E   C#m   F#m
Together, together, that's how it must be.

     Bm7 A7
To live without you

    D   C#7
Would only mean heart-break for me. 𝄇

Middle 1

F#m   Bm7
 My darling, believe me,

      E7   Amaj7
For me there is no one but you.

  Dsus2   Amaj7
Please love me too,

Dsus2   Amaj7
I'm in love with you.

Dsus2   Amaj7
Answer my prayer, baby,

Dsus2   Amaj7
Say you love me too,

  Dsus2   Amaj7
Answer my prayer, please.

Chorus 3

    D   E   C♯m   F♯m
Forever, forever, you'll stay in my heart

              Bm7   A7   D   E
And I will love   you forever and ever.

    C♯m   F♯m
We never will part,

           Bm7   A7
Oh, how I'll love   you.

    D   E   C♯m   F♯m
Together, together, that's how it must be.

           Bm7   A7
To live without   you

       D   C♯7
Would only mean heart-break for me.

Middle 2

F♯m   Bm7
   My darling, believe me,

            E7   Amaj7
For me there is no one but you.

    Dsus2   Amaj7
Please love me too.

‖: Dsus2   Amaj7
This is my prayer,

    Dsus2   Amaj7
Answer my prayer now, baby. :‖   *Repeat to fade*
                                        with vocal ad lib.

I'm A Believer

Words & Music by Neil Diamond

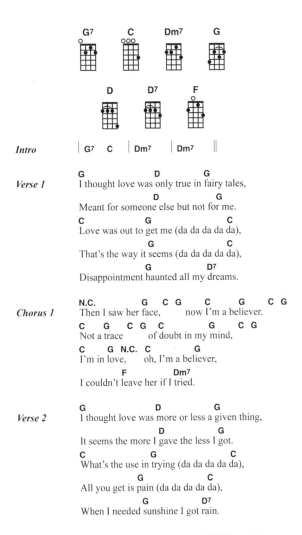

Intro | G⁷ C | Dm⁷ | Dm⁷ ‖

Verse 1

G   D   G
I thought love was only true in fairy tales,

                           D   G
Meant for someone else but not for me.

C   G   C
Love was out to get me (da da da da da),

                    G   C
That's the way it seems (da da da da da),

                    G   D⁷
Disappointment haunted all my dreams.

Chorus 1

N.C.   G   C G   C   G   C G
Then I saw her face,   now I'm a believer.

C   G   C G C   G   C G
Not a trace   of doubt in my mind,

C   G N.C. C   G
I'm in love,   oh, I'm a believer,

            F   Dm⁷
I couldn't leave her if I tried.

Verse 2

G   D   G
I thought love was more or less a given thing,

                         D   G
It seems the more I gave the less I got.

C   G   C
What's the use in trying (da da da da da),

                    G   C
All you get is pain (da da da da da),

                    G   D⁷
When I needed sunshine I got rain.

Chorus 2

N.C.   G C G C   G   C G
Then I saw her face,   now I'm a believer.

C   G C G C   G   C G
Not a trace   of doubt in my mind,

C   G N.C. C   G
I'm in love, oh, I'm a believer,

      F   Dm7
I couldn't leave her if I tried.

Solo

‖: G7 | D7 | G | G7 :‖

Verse 3

C   G   C
 Love was out to get me (da da da da da),

         G   C
That's the way it seems (da da da da da),

         G   D7
Disappointment haunted all my dreams.

Chorus 3

N.C.   G C G C   G   C G
Then I saw her face,   now I'm a believer.

C   G C G C   G   C G
Not a trace   of doubt in my mind:

C   G N.C. C   G
I'm in love, oh, I'm a believer,

      F   Dm7
I couldn't leave her if I tried.

Coda

        G C G C   G   C G
Yes I saw her face, now I'm a believer.

C   G C G C   G   C G
Not a trace   of doubt in my mind.

     C   G   C G C G C G
Said I'm a believer, yeah, _____

     C   G   C G
Said I'm a believer, yeah.
              Fade out

Imagine

Words & Music by John Lennon

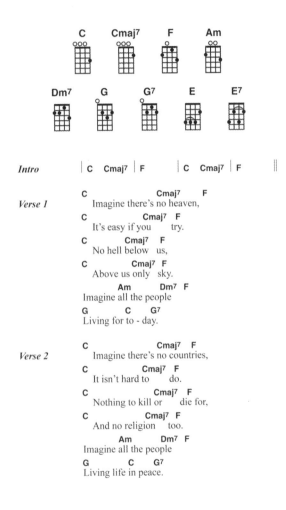

Intro | C Cmaj7 | F | C Cmaj7 | F ‖

Verse 1
    C   Cmaj7   F
Imagine there's no heaven,

    C   Cmaj7 F
It's easy if you   try.

    C   Cmaj7 F
No hell below us,

    C   Cmaj7 F
Above us only sky.

                Am   Dm7 F
Imagine all the people

G   C   G7
Living for to - day.

Verse 2
    C   Cmaj7 F
Imagine there's no countries,

    C   Cmaj7 F
It isn't hard to   do.

    C   Cmaj7 F
Nothing to kill or   die for,

    C   Cmaj7 F
And no religion   too.

                Am   Dm7 F
Imagine all the people

G   C   G7
Living life in peace.

<pre>
        F   G   C   Cmaj7 E E7
Chorus 1   You may say I'm a dreamer,
        F   G   C Cmaj7 E E7
           But I'm not the only one.
        F   G   C   Cmaj7 E E7
           I hope some day you'll join us,
        F   G   C
           And the world will be as one.

        C   Cmaj7   F
Verse 3   Imagine no posses - sions,
        C   Cmaj7   F
           I wonder if you   can.
        C   Cmaj7   F
           No need for greed or   hunger,
        C   Cmaj7   F
           A brotherhood of   man.
                 Am   Dm7 F
           Imagine all the people
        G   C   G7
        Sharing all the world.

        F   G   C   Cmaj7 E E7
Chorus 2   You may say I'm a dreamer,
        F   G   C Cmaj7 E E7
           But I'm not the only one.
        F   G   C   Cmaj7 E E7
           I hope some day you'll join us,
        F   G   C
           And the world will live as one.
</pre>

141

In The Summertime

Words & Music by Ray Dorset

E A6 B6 A B

Intro | E | E | E | E | A6 | A6 |

| E | E | B6 | A6 | E | E ||

Verse 1
          E
In the summertime when the weather is high

You can stretch right up and touch the sky;
          A   E
When the weather's fine you got women, you got women on your mind.
          B   A   E
Have a drink, have a drive, go out and see what you can find.

Verse 2
          E
If her Daddy's rich take her out for a meal,

If her Daddy's poor just do what you feel,
          A   E
Scoot along the lane, do a ton or a ton and twenty-five.
          B   A   E
When the sun goes down you can make it make it good in a lay-by.

Verse 3
          E
We're no threat, people, we're not dirty, we're not mean.

We love everybody but we do as we please.
          A   E
When the weather's fine we go fishing or go swimming in the sea.
          B   A   E
We're always happy, life's for living, yeah, that's our philosophy.

Verse 4
     E
Sing along with us, di-di-di-di-di,

Da-da-da-da-da, yeah we're hap-happy
A   E
Da-da-da, dee-da-da, dee-da-da, da-da-da.
          B   A   E
Da-da-da-da-da, alright alright, da-da-da-da-da-da.

All right!

Instrumental 1 | E | E | E | E | A6 | A6 |
| E | E | B6 | A6 | E | E ‖

Verse 5
     E
When the winter's here, yeah it's party time,

Bring a bottle, wear your wrap, 'cause it'll soon be summer time.
          A   E
And we'll sing again, we'll go driving or maybe we'll settle down.
     B
If she's rich, if she's nice,
         A   E
Bring your friends and we'll all go into town.

Instrumental 2 | E | E | E | E | A6 | A6 |
| E | E | B6 | A6 | E | E ‖

Verse 6   As Verse 1

Verse 7   As Verse 2

Verse 8   As Verse 3

Coda
     E
Sing along with us, di-di-di-di-di,

Da-da-da-da-da, yeah we're hap-happy.
A   E
Da-da-da, dee-da-da, dee-da-da, da da da.
                                Fade out

I'm Yours

Words & Music by Jason Mraz

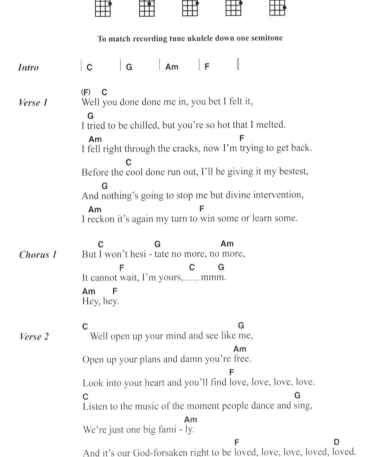

To match recording tune ukulele down one semitone

Intro
| C | G | Am | F |

Verse 1
(F)   **C**
Well you done done me in, you bet I felt it,
G
I tried to be chilled, but you're so hot that I melted.
Am   **F**
I fell right through the cracks, now I'm trying to get back.
                    C
Before the cool done run out, I'll be giving it my bestest,
    G
And nothing's going to stop me but divine intervention,
Am   **F**
I reckon it's again my turn to win some or learn some.

Chorus 1
         C   **G**   **Am**
But I won't hesi - tate no more, no more,
         F   **C**   **G**
It cannot wait, I'm yours,___ mmm.
Am   **F**
Hey, hey.

Verse 2
    C   **G**
  Well open up your mind and see like me,
                          Am
Open up your plans and damn you're free.
                        F
Look into your heart and you'll find love, love, love, love.
C   **G**
Listen to the music of the moment people dance and sing,
                 Am
We're just one big fami - ly.
                                  F   **D**
And it's our God-forsaken right to be loved, love, love, loved, loved.

Chorus 2

      C   G   Am
So I won't hesi - tate no more, no more,

          F
It cannot wait I'm sure.

             C   G   Am
There's no need to compli - cate, our time is short,

        F
This is our fate, I'm yours.

Bridge

(F)   C   G   Am
Do ya, do, do, do you,   but do ya, do ya do, do,

                        G   F
But do you want to come and   scooch on over clos - er dear,

                     D
And I will nibble your ear.

                   C
Soo dee wah wah boom ba bom.

      G
Whoa,_____

Am   G   F
  Whoa oh, oh, oh, oh.____

          D
Uh huh, mmm.

Verse 3

(D)   C
I've been spending way too long checking my tongue in the mirror,

      G
And bending over backwards just to try to see it clearer,

Am   F
But my breath fogged up the glass and so I drew a new face and I laughed.

   C
I guess what I be saying is there ain't no better reason,

   G
To rid yourself of vanities and just go with the seasons,

     Am   F
It's what we aim to do, our name is our virtue.

Chorus 3

       C   **G**   **Am**

But I won't hesi - tate no more, no more,

       F

It cannot wait I'm yours.

Verse 4

  C   **G**

  Well open up your mind and see like me,

                       Am

Open up your plans and damn you're free,

                              F

Look into your heart and you'll find that   the sky is yours.

  C

So please don't, please don't, please don't,

            G   **Am**

There's no need to complicate, 'cause our time is short,

                      F   **D**

This, oh this, oh this is our fate, I'm yours............

Outro   ‖: **C** | **G** | **Am** | **F**   :‖ *Ad lib. scat vocals to fade*

Iris

Words & Music by John Rzeznik

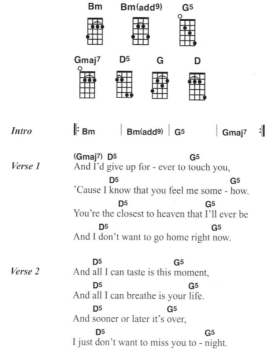

Intro ‖: Bm │ Bm(add9) │ G5 │ Gmaj7 :‖

Verse 1
(Gmaj7) D5   G5
And I'd give up for - ever to touch you,
          D5   G5
'Cause I know that you feel me some - how.
          D5   G5
You're the closest to heaven that I'll ever be
     D5   G5
And I don't want to go home right now.

Verse 2
          D5   G5
And all I can taste is this moment,
          D5   G5
And all I can breathe is your life.
     D5   G5
And sooner or later it's over,
          D5   G5
I just don't want to miss you to - night.

Chorus 1

(G5)   Bm   Bm(add9) G5
And I don't want the world to   see me,

            Bm   Bm(add9)   G5
'Cause I don't think that they'd under - stand.

            Bm   Bm(add9)   G5
When everything's made to be broken,

            Bm   Bm(add9)   G5
I just want you to know who I am.

Link 1   ‖: Bm | Bm(add9) | G5 | Gmaj7   :‖

Verse 3

(Gmaj7) D5   G5
And you can't fight the tears that ain't coming,

            D5   G5
Or the moment of truth in your lies.

            D5   G5
When everything feels like the movies,

            D5   G5
Yeah, you bleed just to know you're a - live.

Chorus 2   As Chorus 1

Interlude   ‖: D5 | D5 | D5 | D5 |

            | D5 | D5 | G5 | G5   :‖

            ‖: Bm | Bm(add9) | G5 | Gmaj7   :‖ *Play 3 times*

            | Bm | Bm(add9) ‖

            | G | G | D | D |

            | G | G | D5 | D5 |

            | G | G | D | D |

            | G | G | D5   D5   D5 | D5   D5   D5 |

            | G | G | D | D |

            | G | G | D5   D5   G5 | D5   D5   D5   ‖

            ‖: D5 | D5 | D5 | D5 |

            | D5 | D5 | G5 | G5   :‖

148

Chorus 3   As Chorus 1

Chorus 4

(G5) Bm   Bm(add9) G5
And I don't want the world to   see me,

        Bm   Bm(add9)   G5
'Cause I don't think that they'd under - stand.

        Bm   Bm(add9) G5
When everything's made to be broken,

         Bm   Bm(add9)   G5
I just want you to know who I am.

         Bm   Bm(add9)   G5
I just want you to know who I am.

         Bm   Bm(add9)   G5
I just want you to know who I am. .

         Bm   Bm(add9)   G5
I just want you to know who I am.

         Bm   Bm(add9)   (D5)
I just want you to know who I am.

Outro   ‖: D5 | D5 | D5 | D5 |

           | D5 | D5 | G5 | G5   :‖ *Repeat and fade*

Killing Me Softly WIth His Song

Words by Norman Gimbel
Music by Charles Fox

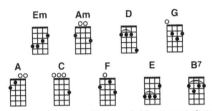

To match original recording tune ukulele up one semitone

Chorus 1

Em   Am
Strumming my pain with his fin - gers,
D   G
Singing my life with his words,
Em   A
Killing me softly with his song,
       D   C
Killing me soft - ly with his song,
       G   C
Telling my whole life with his words,
      F   E
Killing me softly with his song.

Link   *Drum rhythm for 8 bars (with ad lib. lead vocal)*

Verse 1

(Am)   (D)
 I heard he sang a good song,
(G)   (C)
 I heard he had a style,
(Am)   (D)
 And so I came to see him
   (Em)
And listen for a while.
(Am)   (D)
 And there he was, this young boy,
(G)   (B7)
 A stranger to my eyes.

Chorus 2

Em   **Am**
Strumming my pain with his fin - gers,
D   **G**
Singing my life with his words,
Em   **A**
Killing me softly with his song,
                 D   **C**
Killing me soft - ly with his song,
                  G   **C**
Telling my whole life with his words,
               F   **E**
Killing me softly with his song.

Verse 2

(Am)   **(D)**   **(G)**
  I felt all flushed with fever,
            (C)
Embarrassed by the crowd,
(Am)   **(D)**
  I felt he found my letters
      (Em)
And read each one out loud.
(Am)   **(D)**
  I prayed that he would finish,
(G)   **(B7)**
  But he just kept right on…

Chorus 3   As Chorus 2

Middle

Em   Am   D   G
Oh, _____ oh, _____
Em   **A**
La la la la la la,
D   **C**   **G**   **C** **F**   **E**
Woh la, woh la, _____ la.

Chorus 4   ‖: As Chorus 2 :‖   *Repeat to fade with ad lib. vocal*

Jolene

Words & Music by Dolly Parton

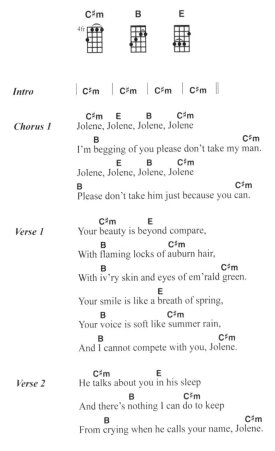

Intro | C#m | C#m | C#m | C#m ‖

Chorus 1
     C#m E   B   C#m
Jolene, Jolene, Jolene, Jolene
    B   C#m
I'm begging of you please don't take my man.
         E   B   C#m
Jolene, Jolene, Jolene, Jolene
B   C#m
Please don't take him just because you can.

Verse 1
    C#m   E
Your beauty is beyond compare,
    B   C#m
With flaming locks of auburn hair,
    B   C#m
With iv'ry skin and eyes of em'rald green.
           E
Your smile is like a breath of spring,
    B   C#m
Your voice is soft like summer rain,
    B   C#m
And I cannot compete with you, Jolene.

Verse 2
    C#m   E
He talks about you in his sleep
         B   C#m
And there's nothing I can do to keep
    B   C#m
From crying when he calls your name, Jolene.

               E
And I can eas'ly understand
     B   **C♯m**
How you could eas'ly take my man
       B   **C♯m**
But you don't know what he means to me, Jolene.

Chorus 2
    C♯m **E**   **B**   **C♯m**
Jolene, Jolene, Jolene, Jolene
     B   **C♯m**
I'm begging of you please don't take my man.
         E   **B**   **C♯m**
Jolene, Jolene, Jolene, Jolene
B   **C♯m**
Please don't take him just because you can.

Verse 3
C♯m   **E**
You could have your choice of men,
     B   **C♯m**
But I could never love again,
B   **C♯m**
He's the only one for me, Jolene.
          E
I had to have this talk with you,
     B   **C♯m**
My happiness depends on you
         B   **C♯m**
And whatever you decide to do, Jolene.

Chorus 3
    C♯m **E**   **B**   **C♯m**
Jolene, Jolene, Jolene, Jolene
     B   **C♯m**
I'm begging of you please don't take my man.
         E   **B**   **C♯m**
Jolene, Jolene, Jolene, Jolene
B   **C♯m**
Please don't take him even though you can.

Jolene, Jolene.

Outro   ‖: **C♯m** | **C♯m** | **C♯m** | **C♯m** :‖ *Repeat to fade*

153

The Joker

Words & Music by Steve Miller, Eddie Curtis & Ahmet Ertegun

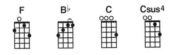

Verse 1

F   B♭   C   B♭
Some people call me the space cowboy,   yeah,__

F   B♭   C   B♭
Some call me the gangster of love.__

F   B♭   C   B♭
Some people call me Maurice,

          F   B♭   C   B♭
'Cause I speak of the pompitous of love.

Verse 2

F B♭   C   B♭
People talk about me, baby,

F   B♭   C   B♭
Say I'm doin' you wrong, doin' you wrong.

F   B♭   C
Well, don't you worry baby,

       B♭
Don't worry,

           F   B♭   C   B♭
'Cause I'm right here, right here, right here, right here at home.

Chorus 1

   B♭   F   B♭
   'Cause I'm a picker, I'm a grinner

       F   B♭
I'm a lover and I'm a sinner,

F   B♭   C   B♭
  I play my music in the sun.__

      F   B♭
I'm a joker, I'm a smoker,

       F   B♭
I'm a midnight toker,

F   B♭   C   Csus4
  I get my lovin' on the run.

Wooo,__

Wooo.__

Guitar solo 1 ‖: F B♭ | C B♭ | F B♭ | C B♭ :‖

Verse 3

F   B♭   C   B♭
You're the cutest thing that I ever did see,

  F   B♭   C   B♭
I really love your peaches, want to shake your tree.

F   B♭   C   B♭
   Lovey-dovey, lovey-dovey, lovey-dovey all the time,___

F   B♭   C   B♭
   Ooo-weee baby, I'll sure show you a good time.

Chorus 2

   B♭   F   B♭
   'Cause I'm a picker, I'm a grinner,

       F   B♭
I'm a lover and I'm a sinner,

F   B♭   C   B♭
  I play my music in the sun.__

      F   B♭
I'm a joker, I'm a smoker,

       F   B♭
I'm a midnight toker,

F   B♭   C   B♭
  I sure don't want to hurt no-one.

Guitar solo 2 | F B♭ | F B♭ | F B♭ | C B♭ |

| F B♭ | F B♭ | F B♭ | Csus⁴ ‖

Csus⁴

Link　Wooo___

　Wooo___

　　　　　F　　B♭　　　　　　C　　　　　B♭
Verse 4　Peo - ple keep talking a - bout me baby,
　　　　　F　　　B♭　　　　C　　　B♭
　　　　　They say I'm doin' you wrong.
　　　　　F　　B♭　　　　　　C　　　　　　　B♭
　　　　　Well don't you worry, don't worry, no don't worry mama,
　　　　　F　　　　　B♭　　　　C　　　B♭
　　　　　'Cause I'm right here at home.

　　　　　F B♭　　　　　C　　　　　B♭
Verse 5　You're the cutest thing I ever did see,
　　　　　F　　　　　B♭　　　　C　　　B♭
　　　　　Really love your peaches want to shake your tree.
　　　　　F　　　　　B♭　　　　　　C　　　　　B♭
　　　　　Lovey-dovey, lovey-dovey, lovey-dovey all the time,
　　　　　F　　　　　B♭　　C　　　　　B♭
　　　　　Come on baby and I'll show you a good time.

Fade out

The Lazy Song

Words & Music by Ari Levine, Philip Lawrence,
Peter Hernandez & Keinan Abdi Warsame

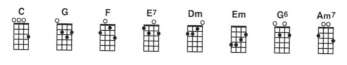

To match recording tune ukulele down one semitone

Chorus 1

      C   G   F
To - day I don't feel like doing anything,

C   G   F
I just wanna lay in my bed.

         C   G
Don't feel like picking up my phone,

     F
So leave a message at the tone,

         C   E7   F
'Cause to - day I swear I'm not doing anything.

Verse 1

N.C.   C   G
I'm gonna kick my feet up then stare at the fan,

F
Turn the TV on, throw my hand in my pants,

C   G   F
Nobody's gonna tell me I can't.

         C   G
No, I'll be lounging on the couch, just chillin' in my snuggie,

F
Click to M.T.V., so they can teach me how to dougie,

         C   G   F
'Cause in my castle I'm the freak - ing man.

      Dm   Em   F   G
Oh, yes I said it,   I said it, I said it 'cause I can.

Chorus 2

       C   **G**   **F**
To - day I don't feel like doing anything,

C   **G**   **F**
I just wanna lay in my bed,

     C   **G**
Don't feel like picking up my phone,

   F
So leave a message at the tone,

          C   **E7**   **F**
'Cause to - day I swear I'm not doing anything,

N.C.   **C**   **G**   **F**
Nothing at all,   ooh, hoo,   ooh, hoo, ooh, ooh, ooh.

             C   **G**   **F**
Nothing at all,   ooh, hoo,   ooh, hoo, ooh, ooh, ooh.

Verse 2

(F)   **C**   **G**
Tomorrow I'll wake up, do some P90X

     F
Meet a really nice girl, have some really nice sex

   C   **G**   **F**
And she's gonna scream out: "This is great."

(Oh my God, this is great.) Yeah.

   C   **G**
I might mess around and get my college degree,

   F
I bet my old man will be so proud of me.

   C   **G**   **F**
But sorry pops, you'll just have to wait.

   Dm   **Em**   **F**   **G**
Oh, yes I said it,   I said it, I said it 'cause I can.

Chorus 3

       C   **G**   **F**
To - day I don't feel like doing anything,

C   **G**   **F**
I just wanna lay in my bed.

     C   **G**
Don't feel like picking up my phone,

   F
So leave a message at the tone,

          C   **E7**   **F**
'Cause to - day I swear I'm not doing anything.

Bridge

N.C. **Dm**   **G6**
No, I ain't gonna comb my hair,

        Am7
'Cause I ain't going anywhere,

Dm   **G6**   **Am7**
No, no, no, no, no, no, no, no, no._____

        Dm   **G6**
I'll just strut in my birthday suit

        Am7
And let everything hang loose,

Dm   **G6**   **Am7**
Yeah, yeah, yeah, yeah, yeah, yeah, yeah, yeah, yeah, yeah.

Chorus 4

N.C.   **C**   **G**   **F**
Oh, to - day I don't feel like doing anything,

C   **G**   **F**
I just wanna lay in my bed.

        C   **G**
Don't feel like picking up my phone,

   F
So leave a message at the tone,

        C   **E7**   **F**
'Cause to - day I swear I'm not doing anything,

N.C.   **C**   **G**   **F**
Nothing at all,   ooh, hoo,   ooh, hoo, ooh, ooh, ooh.

           C   **G**   **F**
Nothing at all,   ooh, hoo,   ooh, hoo, ooh, ooh, ooh.

Nothing at all.

Lay, Lady, Lay

Words & Music by Bob Dylan

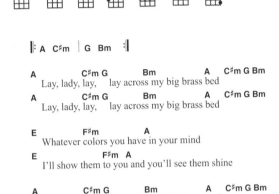

Intro
‖: A   C♯m | G   Bm :‖

Chorus 1

A   C♯m G   Bm   A   C♯m G Bm
Lay, lady, lay,   lay across my big brass bed
A   C♯m G   Bm   A   C♯m G Bm
Lay, lady, lay,   lay across my big brass bed

Verse 1

E   F♯m   A
Whatever colors you have in your mind
E   F♯m A
I'll show them to you and you'll see them shine

Chorus 2

A   C♯m G   Bm   A   C♯m G Bm
Lay, lady, lay,   lay across my big brass bed
A   C♯m G   Bm   A C♯m G Bm
Stay, lady, stay,   stay with your man awhile
A   C♯m
Until the break of day
G   Bm   A C♯m G Bm
Let me see you make him smile

Verse 2

E   F♯m   A
His clothes are dirty but his hands are clean
E   F♯m   A
And you're the best thing that he's ever seen

Chorus 3

A   C♯m G   Bm   A C♯m G Bm
Stay, lady, stay,   stay with your man awhile

Bridge 1

C#m   E F#m A
 Why wait any longer for the world to begin

C#m   Bm   A
 You can have your cake and eat it too

C#m   E F#m A
 Why wait any longer for the one you love

    C#m   Bm
When he's standing in front of you

Chorus 4

A   C#m G   Bm   A C#m G Bm
 Lay, lady, lay, lay across my big brass bed

A   C#m G   Bm   A C#m G Bm
 Stay, lady, stay, stay while the night is still ahead

Verse 3

E   F#m   A
 I long to see you in the morning light

E   F#m   A
 I long to reach for you in the night

Chorus 5

A   C#m G   Bm   A C#m G Bm
 Stay, lady, stay, stay while the night is still ahead

Coda

| A Bm | C#m D | A ‖

Layla

Words & Music by Eric Clapton & James Gordon

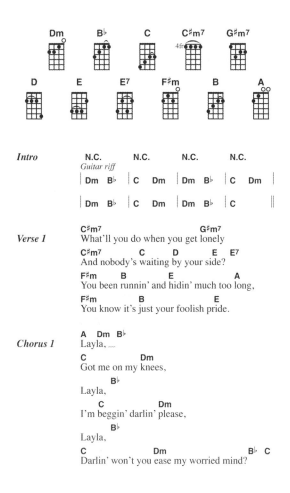

Intro

N.C.   N.C.   N.C.   N.C.

Guitar riff

| Dm B♭ | C Dm | Dm B♭ | C Dm |

| Dm B♭ | C Dm | Dm B♭ | C ‖

Verse 1

C♯m7   G♯m7
What'll you do when you get lonely

C♯m7   C   D   E   E7
And nobody's waiting by your side?

F♯m   B   E   A
You been runnin' and hidin' much too long,

F♯m   B   E
You know it's just your foolish pride.

Chorus 1

A   Dm B♭
Layla, ___

C   Dm
Got me on my knees,

            B♭
Layla,

      C   Dm
I'm beggin' darlin' please,

            B♭
Layla,

C   Dm   B♭ C
Darlin' won't you ease my worried mind?

Verse 2

C#m7   G#m7
Tried to give you consolation

C#m7   C   D   E   E7
When your old man let you down.

F#m   B   E   A
Like a fool, I fell in love with you,

F#m   B   E
You turned my whole world upside down.

Chorus 2

A   Dm B♭
Layla, _

C   Dm
Got me on my knees,

        B♭
Layla,

     C   Dm
I'm beggin' darlin' please,

        B♭
Layla,

C   Dm   B♭ C
Darlin' won't you ease my worried mind?

Verse 3

C#m7   G#m7
Make the best of the situation

C#m7   C   D   E   E7
Before I finally go insane.

F#m   B   E   A
Please don't say we'll never find a way,

F#m   B   E
Don't tell me all my love's in vain.

Chorus 3

   A   Dm B♭
‖: Layla, _

C   Dm
Got me on my knees,

        B♭
Layla,

     C   Dm
I'm beggin' darlin' please,

        B♭
Layla,

C   Dm   B♭ C
Darlin' won't you ease my worried mind?   :‖   *Repeat to fade*

Let It Be

Words & Music by John Lennon & Paul McCartney

Intro | C G | Am   F | C G | F C   ‖

Verse 1
                 C   G
When I find myself in times of trouble,
Am   **F**
Mother Mary comes to me,
C   **G**   **F C**
Speaking words of wisdom, let it be.
                         G
And in my hour of darkness
       Am   **F**
She is standing right in front of me,
C   **G**   **F C**
Speaking words of wisdom, let it be.

Chorus 1
            Am   **C**   **F**   **C**
Let it be, let it be, let it be, let it be,
                       G   **F C**
Whisper words of wisdom, let it be.

Verse 2
                 C   G
And when the broken hearted people
Am   **F**
Living in the world agree,
C   **G**   **F C**
There will be an answer, let it be.
                           G
For though they may be parted there is
Am   **F**
Still a chance that they will see.
C   **G**   **F C**
There will be an answer, let it be.

Chorus 2

    Am   **C**   **F**   **C**
Let it be, let it be, let it be, let it be,
              G   **F C**
There will be an answer, let it be.
    Am   **C**   **F**   **C**
Let it be, let it be, let it be, let it be,
              G   **F C**
Whisper words of wisdom, let it be.

| **F** | **C** | **G F C** | **F** | **C** | **G F C** | |

Solo

‖: **C** | **G** | **Am** | **F** | **C** | **G** | **F** | **C** :‖

Chorus 3

    Am   **C**   **F**   **C**
Let it be, let it be, let it be, let it be,
              G   **F C**
Whisper words of wisdom, let it be.

Verse 3

    C   **G**
And when the night is cloudy,
          Am   **F**
There is still a light that shines on me,
C   **G**   **F C**
Shine until tomorrow, let it be.
              G
I wake up to the sound of music,
Am   **F**
Mother Mary comes to me,
C   **G**   **F C**
Speaking words of wisdom, let it be.

Chorus 4

    Am   **C**   **F**   **C**
Let it be, let it be, let it be, let it be,
              G   **F C**
There will be an answer, let it be.
    Am   **C**   **F**   **C**
Let it be, let it be, let it be, let it be,
              G   **F C**
There will be an answer, let it be.
    Am   **C**   **F**   **C**
Let it be, let it be, let it be, let it be,
              G   **F C**
Whisper words of wisdom, let it be.

| **F** | **C** | **G F C** | ‖

Life On Mars?

Words & Music by David Bowie

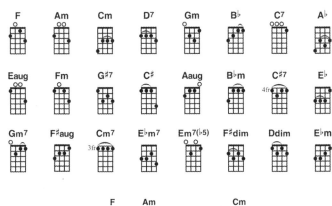

	F **Am** **Cm**	
Verse 1	It's a god-awful small affair	

D7
To the girl with the mousey hair

Gm   **B♭**   **C7**
But her mummy is yelling "No,"

                            F
And her daddy has told her to go.

           Am   **Cm**
But her friend is nowhere to be seen

         D7
Now she walks through her sunken dream

Gm   **B♭**   **C7**
To the seat with the clearest view

And she's hooked to the silver screen.

           A♭   **Eaug**   **Fm**
Pre-chorus 1   But the film is a saddening bore

            G♯7
For she's lived it ten times or more.

      C♯   **Aaug**   **B♭m**
She could spit in the eyes of fools

      C♯7
As they ask her to focus on:

<table>
<tr><td></td><td>B♭   E♭</td></tr>
</table>

Chorus 1

B♭   E♭
Sailors fighting in the dance hall,

Gm7   F♯aug   F
  Oh man! Look at those cavemen go.

Fm   Cm7
  It's the freakiest show.

E♭m7   B♭
  Take a look at the Lawman

E♭
Beating up the wrong guy.

Gm   F♯aug
  Oh man! Wonder if he'll ever know

F   Fm   Cm7
   He's in the best-selling show?

E♭m7   Gm7   F♯aug B♭ Em7♭5
  Is there life on Mars?_____

Link

| F   F♯dim | Gm Ddim | Am   B♭ | B♭m ‖

Verse 2

F   Am   Cm
  It's on Amerika's tortured brow

          D7
That Mickey Mouse has grown up a cow.

Gm   B♭   C7
  Now the workers have struck for fame

'Cause Lennon's on sale again.

F   Am   Cm
  See the mice in their million hordes

      D7   Gm
From Ibiza to the Norfolk Broads.

      B♭   C7
'Rule Britannia' is out of bounds

To my mother, my dog, and clowns.

Pre-chorus 2

A♭   Eaug   Fm
  But the film is a saddening bore

      G♯7
'Cause I wrote it ten times or more.

C♯   Aaug   B♭m
  It's about to be writ again

     C♯7
As I ask you to focus on:

Chorus 2   As Chorus 1

Coda | F F♯dim | Gm B♭ | B♭ | E♭ E♭m | B♭ ‖

167

Let Her Go

Words & Music by Michael Rosenberg

C   D   Em   G   Cmaj7   Bm   Dsus4

Intro
C	C D	Em	D
C	C D	Em	Em D
C	C D	Em	D
C	C D	Em

Chorus 1

   Em   D   C   G
Well, you only need the light when it's burning low,
   Em   D   Em
Only miss the sun when it starts to snow,
                  C   G   D
Only know you love her when you let her go.

                     C   G
Only know you've been high when you're feeling low,
                D   Em
Only hate the road when you're missing home,
                  C   G   D
Only know you love her when you let her go,

And you let her go.

Link 1
| Em | Cmaj7 | D | Bm |
| Em | Cmaj7 | D | Dsus4   D |

Verse 1

Em   Cmaj⁷
Staring at the bottom of your glass,

  D   Bm
Hoping one day you'll make a dream last,

     Em   Cmaj⁷ D Dsus⁴ D
But dreams come slow and they go so fast.

  Em   Cmaj⁷
You see her when you close your eyes,

   D   Bm
Maybe one day you'll understand why

     Em   Cmaj⁷ D
Everything you touch surely dies.

Chorus 2

Dsus⁴ D   Cmaj⁷   G
 But you only need the light when it's burning low,

     D   Em
Only miss the sun when it starts to snow,

    Cmaj⁷   G D
Only know you love her when you let her go.

Dsus⁴ D   Cmaj⁷   G
 Only know you've been high when you're feeling low,

    D   Bm
Only hate the road when you're missing home,

    Cmaj⁷   G D Dsus⁴ D
Only know you love her when you let her go.

Verse 2

Em   Cmaj⁷
Staring at the ceiling in the dark,

   D   Bm
Same old empty feeling in your heart

      Em   Cmaj⁷ D Dsus⁴ D
'Cause love comes slow and it goes so fast.

   Em   Cmaj⁷
Well, you see her when you fall a - sleep,

    D   Bm
But never to touch and never to keep,

       Em   Cmaj⁷ D
'Cause you loved her too much and you dived too deep.

Chorus 3

Dsus⁴ D   Cmaj⁷   G
 Well, you only need the light when it's burning low,

     D   Em
Only miss the sun when it starts to snow,

    Cmaj⁷   G D
Only know you love her when you let her go.

169

cont.

Dsus⁴　D　　　　　　　　　Cmaj⁷　　　　　　　　　　　　　G
　Only know you've been high when you're feeling low,

　　　　　　　　D　　　　　　　　　　　　　Em
Only hate the road when you're missing home,

　　　　　　　Cmaj⁷　　　　　　　　　　G　　D
Only know you love her when you let her go.

Dsus⁴　　　　D　　　Em　　Cmaj⁷ D
　And you let her go,___ oh, oh, oh no.

Dsus⁴　　　　D　　　Em　　Cmaj⁷ D
　And you let her go,___ oh, oh, oh no.

Dsus⁴　　　　D　　　(Em)
　Will you let her go?___

Instrumental | Em　　　　| Cmaj⁷　　　| D　　　　　| Bm　　　　　|

| Em　　　　| Cmaj⁷　　　| D　　　　　‖

Chorus 4

Dsus⁴　　　　D　　　　　Cmaj⁷　　　　　　　　　　　G
　'Cause you only need the light when it's burning low,

　　　　　　　D　　　　　　　　　Em
Only miss the sun when it starts to snow,

　　　　　　　Cmaj⁷　　　　　　　　　　G　　D
Only know you love her when you let her go.

Dsus⁴　D　　　　　　　　　Cmaj⁷　　　　　　　　　　　　　G
　Only know you've been high when you're feeling low,

　　　　　　　　D　　　　　　　　　　　　　Em
Only hate the road when you're missing home,

　　　　　　　Cmaj⁷　　　　　　　　　　G　　D
Only know you love her when you let her go.

Chorus 5

Dsus⁴　　　　D　　　　　Cmaj⁷　　　　　　　　　　　G
　'Cause you only need the light when it's burning low,

　　　　　　　D　　　　　　　　　Em
Only miss the sun when it starts to snow,

　　　　　　　Cmaj⁷　　　　　　　　　　G　　D
Only know you love her when you let her go.

N.C.
Only know you've been high when you're feeling low,

Only hate the road when you're missing home,

Only know you love her when you let her go.

And you let her go.

Little Lion Man

Words & Music by Marcus Mumford,
Winston Marshall, Edward Dwane & Benjamin Lovett

Dm	F	Csus4	Fsus4	C6(sus4)	C7(sus4)

Intro   ‖: Dm | Dm | F | F :‖

        ‖: Dm | Dm | F | F :‖

Verse 1

Dm
Weep for yourself, my man,

                                      F
You'll never be what is in your heart.

Dm
Weep little lion man,

                                              F
You're not as brave as you were at the start.

Csus4
Rate yourself and rake yourself,

Dm   **F**
Take all the courage you have left.

        Csus4
You wasted on fixing all the

Dm   **F**
Problems that you made in your own head.

Chorus 1

     F   Dm   Fsus4   F
But it was not your fault but mine,

               Dm   Fsus4 F
And it was your heart on the line.

         Dm   Fsus4 F
I really fucked it up this time,

            C(6sus4)
Didn't I, my dear?

Didn't I, my?

Link 1

‖: Dm | Dm | F | F   :‖

Verse 2

Dm
Tremble for yourself, my man,

   Dm   F
You know that you have seen this all be - fore.

Dm
Tremble little lion man,

     Dm   F
You'll never settle any of your scores.

     Csus4
Your grace is wasted in your face,

     Dm   F
Your boldness stands a - lone among the wreck.

     Csus4
Now learn from your mother or else

Dm   F
Spend your days biting your own neck.

Chorus 2

     F   Dm   Fsus4   F
But it was not your fault but mine,

               Dm   Fsus4 F
And it was your heart on the line.

         Dm   Fsus4 F
I really fucked it up this time,

            C(6sus4)
Didn't I, my dear?

Chorus 3

F   Dm   Fsus4   F
But it was not your fault but mine,

           Dm   Fsus4   F
And it was your heart on the line.

       Dm   Fsus4   F
I really fucked it up this time,

            C6(sus4)
Didn't I, my dear?

            (Dm)
Didn't I, my dear?

Interlude   ‖: Dm | Dm | F | F   :‖ Fsus4 | F |

            | C7(sus4) | C7(sus4) | F | F | C7(sus4) | C7(sus4) ‖

Fsus4   F   C7(sus4)
Ah._____

      Fsus4   F   C7(sus4)
Ah._____

      Fsus4   F   C7(sus4)
Ah._____

      Fsus4   F   C7(sus4)
Ah._____

      Fsus4   F   C7(sus4)
Ah._____

      Fsus4   F   C7(sus4)
Ah._____

Chorus 4

C7(sus4)   Dm   Fsus4   F
But it was not your fault but mine,

           Dm   Fsus4   F
And it was your heart on the line.

       Dm   Fsus4   F
I really fucked it up this time,

            C6(sus4)
Didn't I, my dear?

          N.C.
But it was not your fault but mine,

And it was your heart on the line.

I really fucked it up this time,

Didn't I, my dear?

       F
Didn't I, my dear?

Livin' Thing

Words & Music by Jeff Lynne

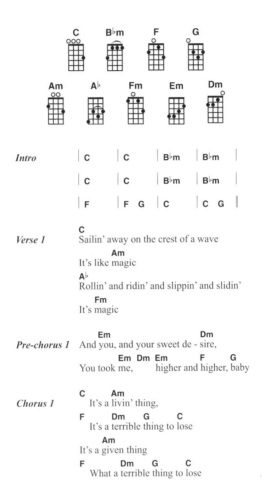

Intro

| C | C | B♭m | B♭m |

| C | C | B♭m | B♭m |

| F | F G | C | C G ‖

Verse 1

C
Sailin' away on the crest of a wave

    Am
It's like magic

A♭
Rollin' and ridin' and slippin' and slidin'

    Fm
It's magic

Pre-chorus 1

    Em   Dm
And you, and your sweet de - sire,

       Em Dm Em   F   G
You took me,   higher and higher, baby

Chorus 1

C   Am
It's a livin' thing,

F   Dm   G   C
It's a terrible thing to lose

    Am
It's a given thing

F   Dm   G   C
What a terrible thing to lose

Bridge 1	| C	| B♭m	| B♭m	| C	|

	| C	| B♭m	| B♭m G	| C	| C G ||

Verse 2

    C
Making believe this is what you've conceived
        Am
From your worst day,
A♭
Moving in line when you look back in time
       Fm
To your first day

Pre-chorus 2   As Pre-chorus 1

Chorus 2   As Chorus 1

Bridge 2	| C	| B♭m	| B♭m	| F	|

	| F G	| C	| C G ||

Verse 3

   C
Takin' a dive 'cause you can't halt the slide
       Am
Floating downstream,
A♭
So let her go don't start spoiling the show
      Fm
It's a bad dream

Pre-chorus 3   As Pre-chorus 1

Chorus 3   As Chorus 1

Outro |: As Chorus 1 :| *Repeat to fade*

The Lovecats

Words & Music by Robert Smith

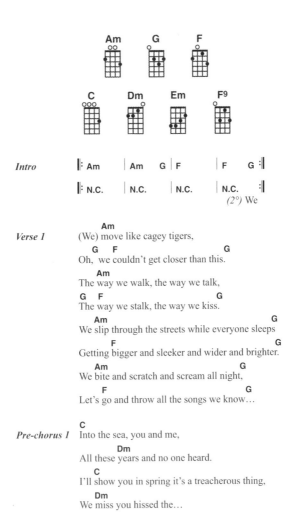

Intro ‖: Am | Am G | F | F G :‖

‖: N.C. | N.C. | N.C. | N.C. :‖
(2°) We

Verse 1

     Am
(We) move like cagey tigers,
   G **F**   **G**
Oh, we couldn't get closer than this.
     Am
The way we walk, the way we talk,
G **F**   **G**
The way we stalk, the way we kiss.
     Am   **G**
We slip through the streets while everyone sleeps
           F   **G**
Getting bigger and sleeker and wider and brighter.
     Am   **G**
We bite and scratch and scream all night,
    F   **G**
Let's go and throw all the songs we know...

Pre-chorus 1

  C
Into the sea, you and me,
      Dm
All these years and no one heard.
  C
I'll show you in spring it's a treacherous thing,
  Dm
We miss you hissed the...

	Am **F**
Chorus 1	Love - cats. We missed you hissed the

          (Ba, ba ba ba ba ba ba-ba.   Ba, ba ba ba ba ba ba-ba.)

Am   **F**   **G**
Love - cats.   We're so

          (Ba, ba ba ba ba ba ba-ba. Ba, ba ba ba ba ba ba-ba.)

Am
Verse 2   Wonderfully, wonderfully, wonderfully,

G   **F**   **G**
Wonderfully pretty.

       Am   **G** **F**
Oh, you know that I'd do anything for you.

    G   **Am**
We should have each other to tea, huh?

    G   **F**
We should have each other with cream

G   **Am**   **G**
Then curl up in the fire and sleep for a while

       F
It's the grooviest thing, it's the perfect dream.

Pre-chorus 2   As Pre-chorus 1

Am   **F**
Chorus 2   Love - cats. We missed you hissed the

Am   **F**
Love - cats. We missed you hissed the

Am   **F**
Love - cats.   We missed you   hissed the

      (Ba, ba ba ba ba ba ba-ba.   Ba, ba ba ba ba ba ba-ba.)

Am   **F**
Love - cats.

        Am
Verse 3   We're so wonderfully, wonderfully, wonderfully,

G   **F**   **G**
Wonderfully pretty.

       Am   **G** **F**
Oh, you know that I'd do anything for you.

    G   **Am**
We should have each other to dinner,

    G   **F**
We should have each other with cream.

G   **Am**   **G**
Then curl up in the fire get up for a while

       F
It's the grooviest thing, it's the perfect dream.

Bridge

Em
Hand in hand is the only way to land

    F
And always the right way around.

    Em
Not broken in pieces like hated little meeces,

    F   **Am**
How could we miss someone as dumb as this.

F   **Am**
Missed you hissed the lovecats.

   F   **Am**   **F**   **Am**
We miss…

F
   I love you, let's go!

Outro

| 𝄆 Am | Am | F | F   G 𝄇 |

| 𝄆 Am | Am | F9 | F9 𝄇 | *Play 4 times* |

| Em | F | Em | F | |

| Em | F | N.C. | N.C. | Am | 𝄂 |

178

Little Talks

Words & Music by Ragnar Thorhallsson & Nanna Bryndis Hilmarsdottir

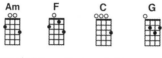

To match original recording tune ukulele up one semitone

Intro   ‖: Am | Fmaj7 | C | G   :‖ *Play 3 times*
                                            (Hey.)

           | Am | Fmaj7 | C | G   ‖

Verse 1
Am   Fmaj7   C
I don't like walking around this old and empty house,
    Am   Fmaj7   C
So hold my hand, I'll walk with you, my dear.
        Am   Fmaj7   C
The stairs creak as you sleep, it's keeping me awake,
        Am   Fmaj7   C
It's the house telling you to close your eyes.
        Am   Fmaj7   C
And some days I can't even   dress myself,
        Am   Fmaj7   C
It's killing me to see you this way.
                Am   Fmaj7
'Cause though the truth may vary,
        C   G   Am   Fmaj7   C
This   ship will carry our bodies safe to shore.

Link 1   ‖: Am | Fmaj7 | C | G   :‖ *Play 3 times*
                                            (Hey.)

           | Am | Fmaj7 | C | G   ‖

179

Verse 2

(G)   Am   Fmaj⁷   C
There's an old voice in my head that's   holding me back,

     Am   Fmaj⁷   C
Well, tell her that I miss our little talks.

Am   Fmaj⁷   C
Soon it will be over and buried with our past,

     Am   Fmaj⁷   C
We used to play out - side when we were young

And full of life and full of love.

Am   Fmaj⁷   C
Some days I don't know if I am wrong or right,

     Am   Fmaj⁷   C
Your mind is playing tricks on you, my dear.

              Am   Fmaj⁷
'Cause though the truth may vary,

    C   G   Am   Fmaj⁷   C
This   ship will carry our bodies safe to shore.   (Hey.)

Chorus 1

        Am   Fmaj⁷   C
Don't listen to a word I say.   (Hey.)

        Am   Fmaj⁷   C G
The screams all sound the same. (Hey.)

          Am   Fmaj⁷
Though the truth may vary,

    C   G   Am   Fmaj⁷   C G
This   ship will carry our bodies safe to shore.

Link 2

‖: Am | Fmaj⁷ | C | G   :‖
                                         (Hey.)

‖: Am | Fmaj⁷ | C | G   :‖

| Am | Am | Am | Am   ‖

	Am
Bridge	You're gone, gone, gone away, I watched you disappear,

All that's left is the ghost of you.

Now we're torn, torn, torn apart, there's nothing we can do,

Just let me go, we'll meet again soon.

               Fmaj⁷   **C**
Now wait, wait, wait for me,   please hang around,

   Am   **Fmaj⁷ C**
I'll see you when I fall a - sleep. (Hey.)

Chorus 2   As Chorus 1

Chorus 3   As Chorus 1

	(G) **Am** **Fmaj⁷**
Outro	Though the truth may vary,

     C   **G**   **Am**   **Fmaj⁷**   **C**
This   ship will carry our bodies safe to shore.

           Am   **Fmaj⁷**
Though the truth may vary,

     C   **G**   **Am**   **Fmaj⁷**   **C**
This   ship will carry our bodies safe to shore.

Mad World

Words & Music by Roland Orzabal

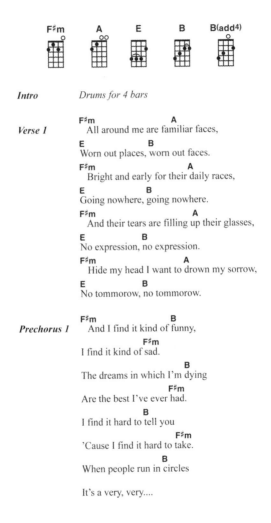

Intro   *Drums for 4 bars*

Verse 1
F♯m   A
   All around me are familiar faces,

E   B
Worn out places, worn out faces.

F♯m   A
   Bright and early for their daily races,

E   B
Going nowhere, going nowhere.

F♯m   A
   And their tears are filling up their glasses,

E   B
No expression, no expression.

F♯m   A
   Hide my head I want to drown my sorrow,

E   B
No tommorow, no tommorow.

Prechorus 1
F♯m   B
   And I find it kind of funny,

               F♯m
I find it kind of sad.

                           B
The dreams in which I'm dying

                    F♯m
Are the best I've ever had.

              B
I find it hard to tell you

                      F♯m
'Cause I find it hard to take.

                 B
When people run in circles

It's a very, very....

	F♯m B B(add4)
Chorus 1	Mad World,
	F♯m B B(add4)
	Mad World.
	F♯m B B(add4)
	Mad World,
	F♯m B B(add4)
	Mad World.

Chorus 1

F♯m   B   B(add4)
Mad World,

F♯m   B   B(add4)
Mad World.

F♯m   B   B(add4)
Mad World,

F♯m   B   B(add4)
Mad World.

Verse 2

F♯m   A
  Children waiting for the day they feel good,

E   B
Happy Birthday, Happy Birthday!

F♯m   A
  Made to feel the way that every child should,

E   B
Sit and listen, sit and listen.

F♯m   A
  Went to school and I was very nervous,

E   B
No one knew me, no one knew me.

F♯m   A
  'Hello teacher, tell me what's my lesson?'

E   B
Look right through me, look right through me.

Prechorus 2   As Prechorus 1

Chorus 2   As Chorus 1

Instrumental | B(add4) | B(add4) |

‖: F♯m | A | E | B :‖

Prechorus 3   As Prechorus 1

Chorus 3   As Chorus 1

Outro ‖: B(add4) | B(add4) | B(add4):‖ *Drums for 2 bars*

183

Maggie May

Words & Music by Rod Stewart & Martin Quittenton

Chord diagrams: D, Em⁷, G, A, Em, F♯m, Asus⁴

Intro | D | Em⁷ | G | D   G |

| D | Em⁷ | G | D   G ||

Verse 1

     A   G   D
Wake up Maggie, I think I got something to say to you,

     A   G   D
It's late September and I really should be back at school.

  G   D
I know I keep you amused

       G   A
But I feel I'm being used,

      Em   F♯m   Em
Oh, Maggie, I couldn't have tried any more.

Asus⁴ Em   A
  You lured me away from home

           Em   A
Just to save you from being alone,

       Em   A   D
You stole my heart and that's what really hurts.

Verse 2

```
          A                    G              D
The morning sun when it's in your face really shows your age,

          A                    G                    D
But that don't worry me none in my eyes you're everything.

   G                D
I laughed at all of your jokes,

      G                    A
My love you didn't need to coax,

           Em              F♯m      Em
Oh, Maggie, I couldn't have tried any more.

Asus4 Em
   You  lured me away from home,

           Em              A
Just to save you from being alone,

           Em                  A        G       D
You stole my soul and that's a pain I can do without.
```

Verse 3

```
A                G              D
All I needed was a friend to lend a guiding hand,

          A                    G                        D
But you turned into a lover and, mother, what a lover, you wore me out.

   G                D
All you did was wreck my bed

           G                    A
And in the morning kick me in the head,

           Em              F♯m      Em
Oh, Maggie, I couldn't have tried anymore.

Asus4 Em                   A
   You  lured me away from home,

               Em               A
'Cause you didn't want to be alone,

           Em                  A        G   D
You stole my heart, I couldn't leave you if I tried.
```

Instrumental 1

| Em7 | A | D | G | |
| Em7 | G | D | D | |

185

Verse 4

    A   **G**   **D**
I suppose I could collect my books and get on back to school,

    A   **G**   **D**
Or steal my daddy's cue and make a living out of playing pool.

    G   **D**
Or find myself a rock and roll band,

      G   **A**
That needs a helpin' hand,

      Em   **F♯m**   **Em**
Oh, Maggie, I wished I'd never seen your face.

Asus⁴   **Em**   **A**
  You made a first class fool out of me,

         Em   **A**
But I'm as blind as a fool can be,

      Em   **A**   **G**   **D**
You stole my heart but I love you anyway.

Instrumental 2 | **Em⁷** | **A** | **D** | **G** |

                         | **Em⁷** | **G** | **D** | **D**   ‖

                         | **Em⁷** | **A** | **D** | **G** |

                         | **Em⁷** | **G** |

                         ‖: **D** | **Em⁷** | **G** | **D**   :‖ *Play 5 times*

Outro

    D   **Em⁷** **G**   **D**
Maggie I wish I'd never seen your face,

    | **D** | **Em⁷** | **G** | **D** |

      D   **Em⁷** **G**   **D**
I'll get on back home   one of these days.

    ‖: **D** | **Em⁷** | **G** | **D**   :‖ *Repeat to fade, vocal ad lib.*

Mamma Mia

Words & Music by Benny Andersson, Stig Anderson & Björn Ulvaeus

D   **Daug**   **G**   **A**

C   **Bm**   **F♯m**   **Em⁷**

Intro   ‖: D | Daug | D | Daug   :‖

Verse 1

D
I've been cheated by you since I don't know when,   G
D
So I made up my mind, it must come to an end.   G
D   Daug
Look at me now,   will I ever learn?
D   Daug   G
I don't know how,   but I suddenly lose control,
                        A
There's a fire within my soul.
G   D   A
Just one look and I can hear a bell ring,
G   D   A
One more look and I forget everything, w-o-o-o-oh.

Chorus 1

       D
Mamma mia, here I go again,
G C   G
My, my, how can I resist you?
       D
Mamma mia, does it show again,
G C   G
My, my, just how much I've missed you?
       D   A
Yes, I've been broken hearted,
Bm   F♯m
Blue since the day we parted,
G C   G   Em⁷   A
Why, why did I ever let you go?
       D   Bm
Mamma mia,   now I really know,
G C   G   Em⁷   A
My, my, I could never let you go.

Interlude | D | Daug | D | Daug ‖

Verse 2

D   G
I've been angry and sad about things that you do,

D   G
I can't count all the times that I've told you we're through.

D   Daug
And when you go,   when you slam the door,

D   Daug   G
I think you know   that you won't be away too long,

                                 A
You know that I'm not that strong.

G   D   A
Just one look and I can hear a bell ring,

G   D   A
One more look and I forget ev'rything, w-o-o-o-oh.

Chorus 2

D
  Mamma mia, here I go again,

G C G
  My, my, how can I resist you?

D
  Mamma mia, does it show again,

G C G
  My, my, just how much I've missed you?

D   A
  Yes, I've been broken hearted,

Bm   F♯m
  Blue since the day we parted,

G C G Em7   A
  Why, why did I ever let you go?

D
  Mamma mia, even if I say

G C G
  Bye-bye, leave me now or never.

D
  Mamma mia, it's a game we play,

G C G
  Bye-bye doesn't mean forever.

Chorus 3

D
Mamma mia, here I go again,

G C G
My, my, how can I resist you?

D
Mamma mia, does it show again,

G C G
My, my, just how much I've missed you?

D   **A**
Yes, I've been broken hearted,

Bm   **F♯m**
Blue since the day we parted,

G C G Em7   A
Why, why did I ever let you go?

D   **Bm**
Mamma mia,   now I really know,

G C G Em7   A
My, my, I could never let you go.

Outro   ‖: **D**   │ **Daug**   │ **D**   │ **Daug**   :‖ *Repeat to fade*

189

Make You Feel My Love

Words & Music by Bob Dylan

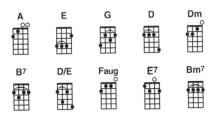

To match original recording tune ukulele up one semitone

Intro	A	E	G	D
	Dm	A	B7 D/E	A

Verse 1

A   E
When the rain is blowing in your face
G   D
And the whole world is on your case,
Dm   A
I could offer you a warm embrace
B7   D/E   A
To make you feel my love.

Verse 2

A   E
When the evening shadows and the stars appear
G   D
And there is no one there to dry your tears,
Dm   A
I could hold you for a million years
B7   D/E   A
To make you feel my love.

Bridge 1

D   A
I know you haven't made your mind up yet,
Faug   D   A
But I would never do you wrong.
D   A
I've known it from the moment that we met,
B7   E7
No doubt in my mind where you be - long.

Verse 3

A   E
I'd go hungry, I'd go black and blue,
G   D
I'd go crawling down the avenue,
Dm   A
No, there's nothing that I wouldn't do
B7   D/E   A
To make you feel my love.

Instrumental | A | E | G | D |

                   | Dm | A | B7   D/E | A   ‖

Bridge 2

D   A
The storms are raging on the rolling sea
Faug   D   A
And on the highway of re - gret.
D   A
Though winds of change are blowing wild and free,
Bm7   E
You ain't seen nothing like me yet.

Verse 4

A   E
I could make you happy, make your dreams come true,
G   D
Nothing that I wouldn't do,
Dm   A
Go to the ends of the earth for you
B7   D/E   A
To make you feel my love.
B7   D/E   A
To make you feel my love.

Mmm Mmm Mmm Mmm

Words & Music by Brad Roberts

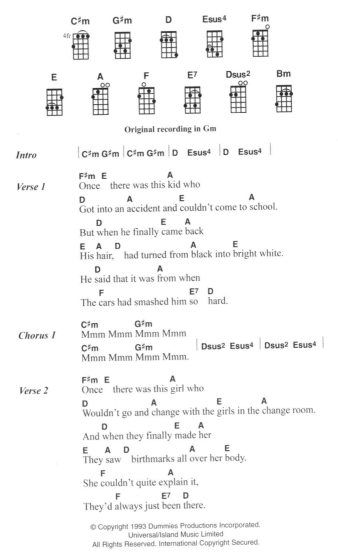

Original recording in Gm

Intro
| C#m G#m | C#m G#m | D   Esus⁴ | D   Esus⁴ |

Verse 1
F#m E   A
Once   there was this kid who
D   A   E   A
Got into an accident and couldn't come to school.
D   E   A
But when he finally came back
E   A   D   A   E
His hair,   had turned from black into bright white.
D   A
He said that it was from when
F   E⁷ D
The cars had smashed him so   hard.

Chorus 1
C#m   G#m
Mmm Mmm Mmm Mmm
C#m   G#m | Dsus² Esus⁴ | Dsus² Esus⁴ |
Mmm Mmm Mmm Mmm.

Verse 2
F#m E   A
Once   there was this girl who
D   A   E   A
Wouldn't go and change with the girls in the change room.
D   E   A
And when they finally made her
E   A   D   A   E
They saw   birthmarks all over her body.
F   A
She couldn't quite explain it,
F   E⁷ D
They'd always just been there.

Chorus 2

C♯m   G♯m
‖: Mmm Mmm Mmm Mmm

C♯m   G♯m | Dsus2 Esus4 | Dsus2 Esus4 :‖
Mmm Mmm Mmm Mmm

Middle

B   A   E
    But both girl and boy were glad

Bm   A   E   Dsus2
    'Cause one kid had it worse than that.

Verse 3

            F♯m E   A
'Cause then   there was this boy whose

D   A   E   A
Parents made him come directly home right after school.

        D   E   A
Well, and when they went to their church

E   A   D   A   E
They shook   and lurched all over the church floor.

    F   A
He couldn't quite explain it,

        F   E7   D
They'd always just gone there.

Chorus 3   As Chorus 2

Outro

Bm   A   E
    Aah, aah, aah, aah.

Bm   A   E
    Aah, aah, aah, aah.

| Dsus2 | A |

Bm   A   E
    Aah, aah, aah, aah.

Bm   A   E
    Aah, aah, aah, aah.   *Repeat to fade*

| Dsus2 | A   ‖: Bm | A E | Bm | A E | Dsus2 | A   :‖

193

Moon River

Words by Johnny Mercer
Music by Henry Mancini

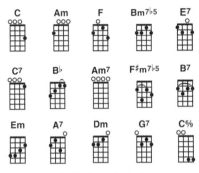

Original recording in F

Intro | C | C   ‖

Chorus 1
C   Am F   C
Moon river, wider than a mile,
      F   C   Bm7♭5 E7
I'm crossing you in style some day._____
     Am C7   F   B♭
Oh, dream maker, you heart-breaker,
      Am Am7 F♯m7♭5   B7   Em   A7   Dm G7
Wher - ever you're go   -   ing, I'm go - ing your way.

Verse 1
C   Am   F   C
Two drifters, off to see the world,
      F   C   Bm7♭5 E7
There's such a lot of world to see._____
Am   C7   F♯m7♭5 F   C   F
   We're af - ter the same   rainbow's end,
                     C   F
Waiting 'round the bend,
                 C
My Huckleberry friend,
Am   Dm G7   C
Moon river   and me.

Chorus 2

```
C    Am   F            C
Moon river, wider than a mile,
     F              C          Bm7♭5   E7
I'm crossing you in style some day._____
     Am   C7        F       B♭
Oh, dream maker, you heart-breaker,
          Am  Am7  F♯m7♭5  B7      Em   A7       Dm  G7
Wher - ever you're go   -   ing, I'm go - ing your way.
```

Verse 2

```
C    Am   F            C
Two drifters, off to see the world,
     F              C          Bm7♭5   E7
There's such a lot of world to see._____
     Am   C7        F♯m7♭5  F       C    F
We're after     that same   rainbow's end,
                  C    F
Waiting 'round the bend,
                C
My Huckleberry friend,
Am   Dm   G7   C
Moon river   and me.
```

Outro

```
C    Am
Moon river,
C    Am
Moon river,
C6/9
Moon.
```

More Than A Feeling

Words & Music by Tom Scholz

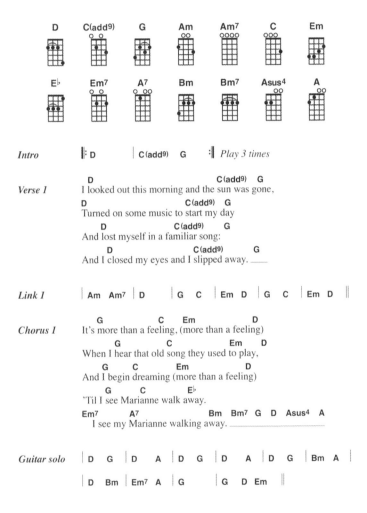

Intro ‖: D | C(add9) G :‖ *Play 3 times*

Verse 1

    D   C(add9)   G
I looked out this morning and the sun was gone,
    D   C(add9)   G
Turned on some music to start my day
         D   C(add9)   G
And lost myself in a familiar song:
        D   C(add9)   G
And I closed my eyes and I slipped away. ___

Link 1 | Am Am⁷ | D | G C | Em D | G C | Em D ‖

Chorus 1

     G   C   Em   D
It's more than a feeling, (more than a feeling)
       G   C   Em   D
When I hear that old song they used to play,
     G   C   Em   D
And I begin dreaming (more than a feeling)
       G   C   E♭
'Til I see Marianne walk away.
Em⁷   A⁷   Bm Bm⁷ G D Asus⁴ A
   I see my Marianne walking away. ___

Guitar solo | D G | D A | D G | D A | D G | Bm A |

| D Bm | Em⁷ A | G | G D Em ‖

Link 2 | D | D | C(add9)   G | D | C(add9)   G   ‖

Verse 2
      D   C(add9)   G
When I'm tired and thinking cold

     D   C(add9) G
I hide in my music, forget the day,

       D   C(add9)   G
And dream of a girl I used to know,

     D   C(add9) G   C(add9)
I closed my eyes and she slipped away. _____

Link 3 | D | C(add9) G   G | D | C(add9)   G |

                                       She slipped a -

  | D | C(add9)   G | D | C(add9) | G   ‖
-way.

Link 4 | Am Am7 | D | D |

  | G   C | Em   D | G   C | Em   D   ‖

Chorus 2
        G   C   Em   D
It's more than a feeling, (more than a feeling)

          G   C   Em   D
When I hear that old song they used to play,

        G   C   Em   D
And I begin dreaming (more than a feeling)

        G   C   Em   D
'Til I see Marianne walk away._____

Coda ‖: G   C | Em   D   :‖ *Repeat to fade*

Mellow Yellow

Words & Music by Donovan Leitch

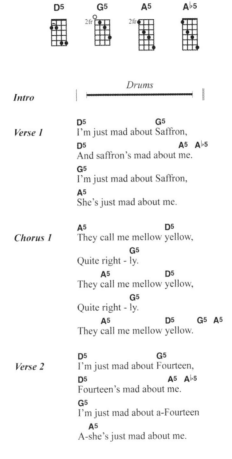

Intro

Drums

Verse 1

D5   **G5**
I'm just mad about Saffron,
D5   **A5** **A♭5**
And saffron's mad about me.
G5
I'm just mad about Saffron,
A5
She's just mad about me.

Chorus 1

A5   **D5**
They call me mellow yellow,
                    G5
Quite right - ly.
              A5   **D5**
They call me mellow yellow,
                    G5
Quite right - ly.
              A5   **D5**   **G5** **A5**
They call me mellow yellow.

Verse 2

D5   **G5**
I'm just mad about Fourteen,
D5   **A5** **A♭5**
Fourteen's mad about me.
G5
I'm just mad about a-Fourteen
              A5
A-she's just mad about me.

Chorus 2
A⁵   **D**⁵
They call me mellow yellow,

A⁵   **D**⁵
They call me mellow yellow,

G⁵
Quite right - ly.

A⁵   **D**⁵   **G**⁵ **A**⁵
They call me mellow yellow.

Verse 3
D⁵   **G**⁵
Wanna high forever to fly,

D⁵   **A**⁵ **A**♭⁵
A-wind velocity nil.

G⁵
Wanna high forever to fly,

A⁵
If you want your cup I will fill.

Chorus 3
A⁵   **D**⁵
They call me mellow yellow,

G⁵
Quite right - ly.

A⁵   **D**⁵
They call me mellow yellow,

G⁵
Quite right - ly.

A⁵   **D**⁵   **G**⁵
They call me mellow yellow.

A⁵
So mellow, he's so yellow.

Instrumental

D⁵	**G**⁵	**D**⁵	**A**⁵ **A**♭⁵
G⁵	**G**⁵	**A**⁵	**A**⁵
D⁵ **G**⁵	**G**⁵ **A**⁵	**D**⁵ **G**⁵	**G**⁵ **A**⁵
D⁵ **G**⁵	**G**⁵ **A**⁵	**A**⁵	

Verse 4

D5   **G5**
Electrical ba - nana

D5   **A5**   **A♭5**
Is gonna be a sudden craze.

G5
Electrical banana

  A5
Is bound to be the very next phase.

Chorus 4

A5   **D5**
They call it mellow yellow,

         G5
Quite right - ly.

    A5   **D5**
They call me mellow yellow,

         G5
Quite right - ly.

    A5   **D5**   **G5** **A5**
They call me mellow yellow.

Verse 5

D5   **G5**
Saffron,   yeah

D5   **A5**   **A♭5**
I'm just mad about her.

G5
I'm a-just a-mad about a-Saffron,

A5
She's just mad about me.

Chorus 5

A5   **D5**
They call it mellow yellow,

         G5
Quite right - ly.

    A5   **D5**
They call me mellow yellow,

         G5
Quite right - ly.

    A5   **D5**   **G5** **A5**
They call me mellow yellow.

A5   **D5**
Oh so mellow.   *Fade out*

More Than Words

Words & Music by Nuno Bettencourt & Gary Cherone

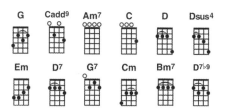

To match original recording, tune ukulele down one semitone

Intro   ‖: **G** | **Cadd9** | **Am7** | **C   D   Dsus4** :‖

Verse 1

      G   **Cadd9**
Saying I love you

Am7
Is not the words

   C   **D**   **Dsus4 G**
I want to hear from   you.

             Cadd9
It's not that I   want you,

Am7
  Not to say

      C   **D**   **Dsus4 Em**
But if you on - ly   knew

     Am7 D7
How easy it would be

    G   **D**   **Em**
To show me how you feel.

Pre-chorus 1

         Am7
More than words

   D7   **G7**
Is all you have to do

        C
To make it real,

cont.

          Cm   **G**
Then you wouldn't have to say

         Em
That you love me

       Am7 D7   **G**
'Cause I'd already know.

Chorus 1
                D
What would you do

      Em   **Bm7**   **C**
If my heart was torn in two?

               G   **Am7**
More than words to show you feel

    D7   **G**
That your love for me is real.

              D
What would you say

    Em   **Bm7**   **C**
If I took those words away?

           G   **Am7**
Then you couldn't make things new

    D7   **G** |**Cadd9**| **Am7** |
Just by saying I love you. _____

C D **Dsus4**|**G** | **Cadd9**| **Am7**|**D7** ‖
  More than words.

Verse 2
G   **Cadd9**
  Now that I've tried to

Am7
  Talk to you

     C   **D Dsus4** **G**
And make you under - stand.

     Cadd9
All you have to do

   Am7
Is close your eyes

     C   **D** **Dsus4 Em**
And just reach out your   hand

Am7
And touch me

D7
Hold me close,

      G   **D**   **Em**
Don't ever let me go.

N.C.   **Am7**

Pre-chorus 2   More than words

D7
Is all I ever

G7   **C**
Needed you to show,

        Cm   **G**
Then you wouldn't have to say

        Em
That you love me

      Am7   **D7**   **D7♭9** **G**
'Cause I'd al - rea - dy   know.

          D

Chorus 2   What would you do

      Em   **Bm7** **C**
If my heart was torn in two?

                 G   **Am7**
More than words to show you feel

        D7   **G**
That your love for me is real.

          D
What would you say

      Em   **Bm7** **C**
If I took those words away

                 G   **Am7**
Then you couldn't make things new

        D7   **G**
Just by saying I love you.

Mr. Tambourine Man

Words & Music by Bob Dylan

| Intro | | D | Asus⁴ | D | Asus⁴ |

Chorus 1

    G   **A**
Hey, Mr. Tambourine man
D   **G**
Play a song for me
          D   **G**   **A**   **Asus⁴ A Asus⁴**
I'm not sleepy and there ain't no place I'm going to
    G   **A**
Hey, Mr. Tambourine man
D   **G**
Play a song for me
        D   **G**
In the jingle jangle morning
        A   **D**
I'll come following you

Verse

```
G              A
```
Take me for a trip
```
          D              G
```
Upon your magic swirling ship
```
          D              G
```
All my senses have been stripped
```
          D              G
```
And my hands can't feel to grip
```
          D              G
```
And my toes too numb to set
```
          D          G          A         Asus4 A Asus4
```
Wait only for my boot heels to be wander - ing
```
          G          A
```
I'm ready to go anywhere
```
          D          G
```
I'm ready for to fade
```
          D          G
```
Un - til my own pa - rade
```
          D              G
```
Cast your dancing spell my way
```
                    A       Asus4 A Asus4
```
I promise to go under it

Chorus 2

```
G          A
```
Hey, Mr. Tambourine man
```
D          G
```
Play a song for me
```
          D              G              A       Asus4 A Asus4
```
I'm not sleepy and there ain't no place I'm going to
```
G          A
```
Hey, Mr. Tambourine man
```
D          G
```
Play a song for me
```
          D          G
```
In the jingle jangle morning
```
                A
```
I'll come following you

Outro   ‖: D | Asus4 :‖   *To fade*

205

Mrs Robinson

Words & Music by Paul Simon

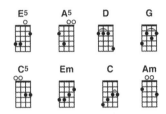

To match original recording tune ukulele up one tone

Intro	E⁵	E⁵	E⁵	E⁵
	E⁵	A⁵	A⁵	A⁵
	A⁵	D	G	C⁵ G
	A⁵	A⁵	E⁵	E⁵
	D	D		

                                                     G   Em

Chorus 1   And here's to you Mrs. Robinson   C

G   Em
Jesus loves you more than you will know,

                D
Whoa-whoa-whoa,

                       G   Em
God bless you please Mrs. Robinson

G   Em   C
Heaven holds a place for those who pray,

        Am
Hey-hey-hey,

        E⁵ | E⁵ | E⁵ | E⁵
Hey-hey-hey.

Verse 1

E5

We'd like to know a little bit about you for our files.

A5

We'd like to help you to learn to help yourself.

D   G   C   G   A5

Look around you all you see are sympa - thetic eyes.

E5   D

Stroll around the grounds until you feel at home.

Chorus 2   As Chorus 1

Verse 2

E5

Hide it in a hiding place where no one ever goes

A5

Put it in your pantry with your cupcakes.

D   G   C   G   A5

It's a little secret just the Robin - son's af - fair,

E5   D

Most of all you got to hide it from the kids,

Chorus 3

                  G   Em

Coo coo ca - choo Mrs. Robinson

G   Em   C

Jesus loves you more than you will know,

                 D

Whoa-whoa-whoa,

                 G   Em

God bless you please Mrs. Robinson,

G   Em   C

Heaven holds a place for those who pray,

               D

Hey-hey-hey,

         E5 | E5 | E5 | E5 |

Hey-hey-hey.

Verse 3

E5
Sitting on a sofa on a Sunday afternoon,

A5
Going to the candidates debate.

D　　　　　　　**G**　　　　**C**　　　**G**　　**A5**
Laugh about it shout about it when you got to choose,

E5　　　　　　　　　　　　　**D**
Every way you look at it you lose,

Chorus 4

　　　　　　　　　G　　　　**Em**
Where have you gone Joe Di - Maggio,

G　　　　　**Em**　　　**C**
A nation turns it's lonely eyes to you,

　　　　　　D
Woo-woo-woo,

　　　　　　　G　　　**Em**
What's that you say Mrs. Robinson

G　　　　**Em**　　　　　**C**
Joltin' Joe has left and gone a - way,

　　　　D
Hey-hey-hey,

　　　　　E5　　| **E5**　　| **E5**　　| **E5**　　|
Hey-hey-hey.

Outro　　　　‖: **E5**　　| **E5**　　| **E5**　　| **E5**　　:‖　*Repeat to fade*

208

Moves Like Jagger

Words & Music by Adam Levine, Benjamin Levin, Shellback & Ammar Malik

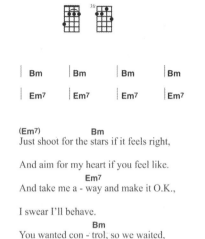

Bm   Em⁷

Intro | Bm | Bm | Bm | Bm |

           | Em⁷ | Em⁷ | Em⁷ | Em⁷ |

Verse 1

(Em⁷)   Bm
Just shoot for the stars if it feels right,

And aim for my heart if you feel like.
                     Em⁷
And take me a - way and make it O.K.,

I swear I'll behave.
                     Bm
You wanted con - trol, so we waited,

I put on a show, now and make it.
                     Em⁷
You say I'm a kid, my ego is big,

I don't give a shit,
                        (Bm)
And it goes like this...

Bm

Chorus 1   Take me by the tongue and I'll know you,

Kiss me till you're drunk and I'll show you
Em7
All the moves like Jagger,

I've got the moves like Jagger,

I've got the moves like Jagger.
Bm
  I don't need to try to control you,

Look into my eyes and I'll own you
Em7
With the moves like Jagger,

I've got the moves like Jagger,

I've got the moves___ like Jagger.

(Em7)   Bm
Verse 2   Maybe it's hard when you feel like

You're broken and scarred, nothing feels right
Em7
But when you're with me I'll make you believe

That I've got the key.
Bm
Oh, so get in the car, we can ride it

Wherever you want, get inside it
Em7
And you want to steer but I'm shifting gears

I'll take it from here, oh yeah, yeah,
(Bm)
And it goes like this...

Chorus 2   As Chorus 1

Bm

Bridge   You wanna know how to make me smile,

Take control, own me just for the night.

Em7

And if I share my secret, you're gonna have to keep it,

Nobody else can see this.

Bm

So watch and learn, I won't show you twice,

Head to toe, oh baby rub me right.

Em7

But if I share my secret, you're gonna have to keep it,

                                    N.C.

Nobody else can see this, eh, eh, eh, yeah.

And it goes like this...

Chorus 3   As Chorus 1

Outro | **Bm** | **Bm**   ‖

Oh, Pretty Woman

Words & Music by Roy Orbison & Bill Dees

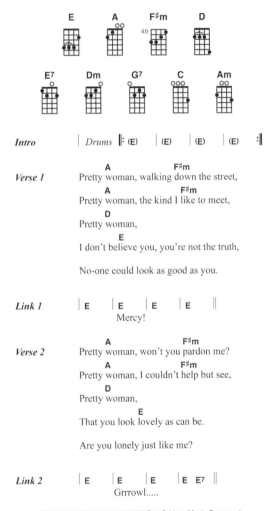

Intro | *Drums* ‖: (E) | (E) | (E) | (E) :‖

Verse 1
>   A   F♯m
> Pretty woman, walking down the street,
>   A   F♯m
> Pretty woman, the kind I like to meet,
>   D
> Pretty woman,
>   E
> I don't believe you, you're not the truth,
>
> No-one could look as good as you.

Link 1 | E | E | E | E ‖
>   Mercy!

Verse 2
>   A   F♯m
> Pretty woman, won't you pardon me?
>   A   F♯m
> Pretty woman, I couldn't help but see,
>   D
> Pretty woman,
>   E
> That you look lovely as can be.
>
> Are you lonely just like me?

Link 2 | E | E | E | E E7 ‖
>   Grrrowl.....

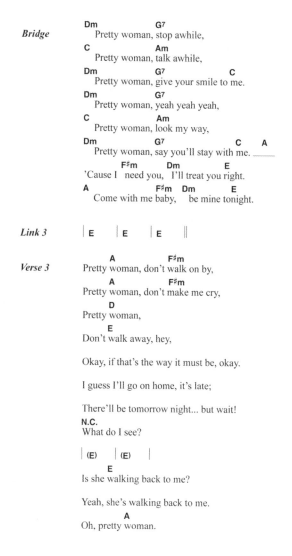

Bridge

Dm   G7
    Pretty woman, stop awhile,

C   Am
    Pretty woman, talk awhile,

Dm   G7   C
    Pretty woman, give your smile to me.

Dm   G7
    Pretty woman, yeah yeah yeah,

C   Am
    Pretty woman, look my way,

Dm   G7   C   A
    Pretty woman, say you'll stay with me. ＿＿＿

         F#m   Dm   E
'Cause I   need you,   I'll treat you right.

A   F#m   Dm   E
    Come with me baby,   be mine tonight.

Link 3 | E | E | E   ‖

Verse 3

          A   F#m
Pretty woman, don't walk on by,

          A   F#m
Pretty woman, don't make me cry,

          D
Pretty woman,

          E
Don't walk away, hey,

Okay, if that's the way it must be, okay.

I guess I'll go on home, it's late;

There'll be tomorrow night... but wait!

N.C.
What do I see?

   | (E) | (E) |

          E
Is she walking back to me?

Yeah, she's walking back to me.

          A
Oh, pretty woman.

One Love

Words & Music by Bob Marley

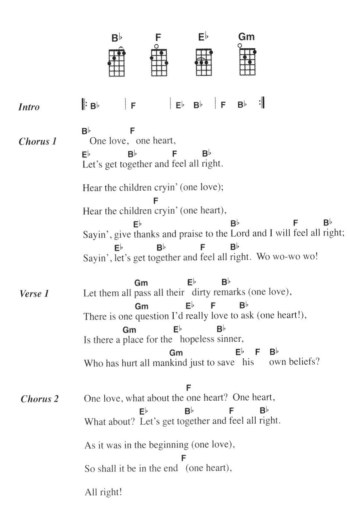

Intro

‖: B♭ | F | E♭ B♭ | F B♭ :‖

Chorus 1

B♭   F
One love, one heart,
E♭   B♭   F   B♭
Let's get together and feel all right.

Hear the children cryin' (one love);
               F
Hear the children cryin' (one heart),
         E♭   B♭   F   B♭
Sayin', give thanks and praise to the Lord and I will feel all right;
         E♭   B♭   F   B♭
Sayin', let's get together and feel all right. Wo wo-wo wo!

Verse 1

               Gm   E♭   B♭
Let them all pass all their dirty remarks (one love),
              Gm   E♭ F   B♭
There is one question I'd really love to ask (one heart!),
          Gm   E♭   B♭
Is there a place for the hopeless sinner,
                 Gm   E♭ F B♭
Who has hurt all mankind just to save his   own beliefs?

Chorus 2

                           F
One love, what about the one heart? One heart,
          E♭   B♭   F   B♭
What about? Let's get together and feel all right.

As it was in the beginning (one love),
                     F
So shall it be in the end   (one heart),

All right!

cont.

      E♭   B♭   F   B♭
Give thanks and praise to the Lord and I will feel all right,
E♭   B♭   F   B♭
Let's get together and feel all right.

One more thing!

Verse 2

         Gm   E♭   B♭
Let's get together to fight this Holy Armagiddyon (one love),
         Gm   E♭ F   B♭
So when the Man comes there will be no, no doom (one song).
         Gm   E♭   B♭
Have pity on those whose chances grows t'inner;
         Gm   E♭ F   B♭
There ain't no hiding place from the Father of Creation.

Chorus 3

                              F
Sayin' one love, what about the one heart? (one heart),

What about the…
E♭   B♭   F   B♭
Let's get together and feel all right.

I'm pleadin' to mankind! (one love),
      F
Oh, Lord! (One heart.) Wo-ooh!
      E♭   B♭   F   B♭
Give thanks and praise to the Lord and I will feel all right,
E♭   B♭   F   B♭
Let's get together and feel all right.
      E♭   B♭   F   B♭
Give thanks and praise to the Lord and I will feel all right,
E♭   B♭   F   B♭
Let's get together and feel all right.   *Fade out*

Over The Rainbow/
What A Wonderful World

Words by E.Y. Harburg
Music by Harold Arlen

Words & Music by Bob Thiele
and George Weiss

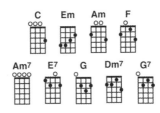

Intro | C | Em | Am | F | C | Em | Am | Am7 | F | F |

C   Em   F   C
Ooh hoo, ooh hoo-hoo-hoo, ooh hoo hoo.

F   E7   Am   F
Ooh, ooh hoo hoo, ooh hoo hoo, ooh hoo hoo.

Verse 1

C   Em   F   C
Somewhere, over the rainbow, way up high.

F   C
And the dreams that you dream of

G   Am F
Once in a lulla - by,   ay, ah, ay, oh.

C   Em   F   C
Somewhere, over the rainbow, bluebirds fly.

F   C
And the dreams that you dream of

G   Am   F
Dreams really do come true, hoo hoo,   ooh hoo hoo.

Link 1

            C
Some day I'll wish upon a star,

G   Am F
Wake up where the clouds are far be - hind me.

        C
Where trouble melts like lemon drops,

G   Am   F
High above the chimney top that's where you'll find me, oh,

216

Verse 2

  C   Em   F   C
Somewhere, over the rainbow, bluebirds fly.

  F   C
And the dream that you dare to, oh,

  G   Am F
Why, oh why, can't I? Ay, ah, ay.

Verse 3

      C   Em F   C
Well I see trees of green and red roses too.

  F   C   E7 Am
I'll watch them bloom for me and you.

      F   G   Am   F
And I think to myself, what a wonderful world.

      C   Em   F   C
Well I see skies of blue and I see clouds of white,

       F   C E7   Am
And the brightness of day, I like the dark,

      F   G   C   F C
And I think to myself, what a wonderful world.

Link 2

    G   C
The colours of the rainbow, so pretty in the sky,

     G   C
Are also on the faces of people passing by.

     F   C   F   C
I see friends shaking hands, singing "How do you do?"

  F   C   Dm7   G
  They're really saying, "I, I love you."

Verse 4

    C   Em   F   C
I hear babies cry and I watch them grow.

  F   C E7   Am
They'll learn much more than we'll know.

      F   G   Am
And I think to myself, what a wonderful world, world.

Link 3   As Link 1

Verse 5

  C   Em   F   C
Somewhere, over the rainbow, way up high.

  F   C
And the dreams that you dare to,

    G7   Am F
Why, oh why, can't I? Ay, ah, ay.

  C   Em   F   C
Ooh hoo, ooh hoo hoo, ooh, hoo hoo.

  F
Ooh… *To fade*

217

The Passenger

Words by James Osterberg
Music by James Osterberg & Ricky Gardiner

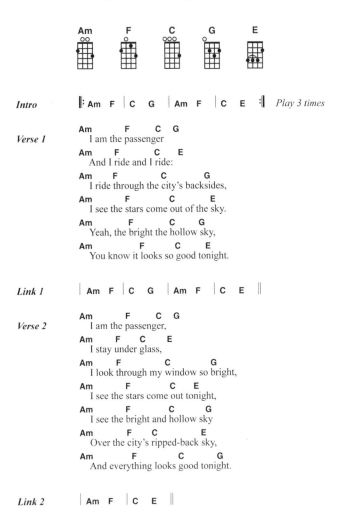

Intro   ‖: Am F │ C G │ Am F │ C E :‖ *Play 3 times*

Verse 1
```
Am          F        C   G
I am the passenger
Am     F         C      E
And I ride and I ride:
Am       F          C          G
I ride through the city's backsides,
Am        F          C          E
I see the stars come out of the sky.
Am        F        C      G
Yeah, the bright the hollow sky,
Am            F        C      E
You know it looks so good tonight.
```

Link 1   │ Am F │ C G │ Am F │ C E ‖

Verse 2
```
Am          F      C   G
I am the passenger,
Am     F     C     E
I stay under glass,
Am       F          C          G
I look through my window so bright,
Am        F          C      E
I see the stars come out tonight,
Am        F          C      G
I see the bright and hollow sky
Am       F      C          E
Over the city's ripped-back sky,
Am           F          C      G
And everything looks good tonight.
```

Link 2   │ Am F │ C E ‖

Chorus 1

```
        Am   F   C      G  Am  F   C        E
Singing la la, la la, la-la-la-la,  la la, la la, la-la-la-la,
Am   F   C      G
La la, la la, la-la-la-la, la la (la.)
```

Link 3

```
| Am  F  | C   E  | Am  F  | C   G  ‖
la.
```

Verse 3

```
Am   F      C  G
Get into the car,
Am            F      C   E
We'll be the passenger:
Am           F        C      G
We'll ride through the city tonight,
Am           F     C        E
We'll see the city's ripped backsides,
Am           F          C      G
We'll see the bright and hollow sky,
Am           F        C      E
We'll see the stars that shine so bright,
Am      F        C    G
Stars made for us tonight.
```

Link 4

```
| Am  F  | C   E  | Am  F  | C   G  | Am  F  | C   E  ‖
```

Verse 4

```
Am       F     C  G  Am   F       C        E
Oh, the passenger       how, how he rides.
Am       F     C  G  Am  F          C      E
Oh, the passenger       he rides and he rides.
Am          F          C      G
He looks through his window,
Am      F     C    E
What does he see?
Am            F        C      G
He sees the bright and hollow sky,
Am           F          C      E
He sees the stars come out tonight,
Am           F       C      G
He sees the city's ripped backsides,
Am           F        C     E
He sees the winding ocean drive.
Am          F        C      G
And everything was made for you and me,
Am      F      C       E
All of it was made for you and me,
```

cont.

Am   F   C   G
'Cause it just belongs to you and me,

Am   F   C   E
So let's take a ride and see what's (mine.)

Link 5

| Am F | C G | Am F | C   E   ‖
mine.   Singing:

Chorus 2

Am F C   G Am F   C   E
La la, la la, la-la-la-la,   la la, la la, la-la-la-la,

Am F C   G
La la, la la, la-la-la-la, la la (la.)

Link 6

| Am F | C E | Am F | C G   ‖
la.

Verse 5

Am   F   C G Am F   C   E
Oh, the passenger   he rides and he rides:

Am   F   C   G
He sees things from under glass,

Am   F   C   E
He looks through his window side,

Am   F   C   G
He sees the things he knows are his.

Am   F   C   E
He sees the bright and hollow sky,

Am   F C   G
He sees the city sleep at night,

Am   F   C   E
He sees the stars are out tonight.

Am   F C   G
And all of it is yours and mine,

Am   F C   E
And all of it is yours and mine,

Am   F   C   G   Am F C E
So let's ride and ride and ride and ride.

Link 7

| Am F | C G   ‖
                Singing:

Chorus 3

‖: Am F C   G Am F C   E
La la, la la, la-la-la-la,   la la, la la, la-la-la-la,

Am F C   G
La la, la la, la-la-la-la, la la la. :‖   *Repeat to fade*

Perfect

Words & Music by Ed Sheeran

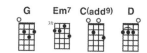

To match recording tune ukulele up one semitone

Verse 1

     G   **Em7**
I found a love for me,____
                Cadd9   **D**
Darling, just dive right in and follow my lead.
                G   **Em7**
Well, I found a girl, beautiful and sweet,
           Cadd9   **D**
Oh, I never knew you were the someone waiting for me.

Pre-chorus 1

     N.C.   **G**
'Cause we were just kids when we fell in love,
           Em7
Not knowing what it was,
           Cadd9   **G**   **D**
I will not give you up this time.__
                 G
But darling, just kiss me slow,
           Em7
Your heart is all I own,
           Cadd9   **D**
And in your eyes you're holding mine.

Chorus 1

     N.C. Em7 Cadd9   **G**
Baby, I'm dancing in the dark
          D   **Em7**
With you between my arms.
Cadd9   **G**
Barefoot on the grass,
D   **Em7**
Listening to our favourite song.
          Cadd9   **G**
When you said you looked a mess,
          D   **Em7**
I whispered underneath my breath.

cont.

    Cadd⁹
But you heard it,
    G   **D**   **(G)**
Darling, you look perfect tonight.

Link | **G**   **D** | **Em⁷** **D** | **Cadd⁹** | **D** |

Verse 2

N.C.   **G**   **Em⁷**
Well, I found a woman, stronger than anyone I know,
           Cadd⁹   **D**
She shares my dreams, I hope that someday I'll share her home.
    G   **Em⁷**
I found a lover to carry more than just my secrets,
         Cadd⁹   **D**
To carry love, to carry children of our own.

Pre-chorus 2

(D)   **G**
We are still kids but we're so in love,
        Em⁷
Fighting against all odds,
          Cadd⁹   **G**   **D**
I know we'll be alright this time.___
         G
Darling, just hold my hand,
         Em⁷
Be my girl, I'll be your man,
         Cadd⁹   **D**
I see my future in your eyes.

Chorus 2

N.C. **Em⁷** **Cadd⁹**   **G**
Baby, I'm dancing in the dark
       D   **Em⁷**
With you between my arms.
Cadd⁹   **G**
Barefoot on the grass,
D   **Em⁷**
Listening to our favourite song.
      Cadd⁹   **G**
When I saw you in that dress,
         D
Looking so beautiful,
   Em⁷   **Cadd⁹**
I don't deserve this,
        G   **D**   **(G)**
Darling, you look perfect tonight.

Instrumental | **G** | **Em7** | **Cadd9** | **D** |

Chorus 3

        N.C. Em7 Cadd9   **G**
Baby, I'm dancing in the dark
        D   **Em7**
With you between my arms.
Cadd9   **G**
Barefoot on the grass,
D   **Em7**
Listening to our favourite song.
        Cadd9   **G**
I have faith in what I see,
           D   **Em7**   **Cadd9**
Now I know I have met an angel in person.
      G   **D**
And she looks perfect,
  Cadd9
I don't deserve it,
D   **(G)**
You look perfect tonight.

Outro | **G** **D** | **Em7** **D** | **Cadd9** | **D** | **G** ||

Pinball Wizard

Words & Music by Pete Townshend

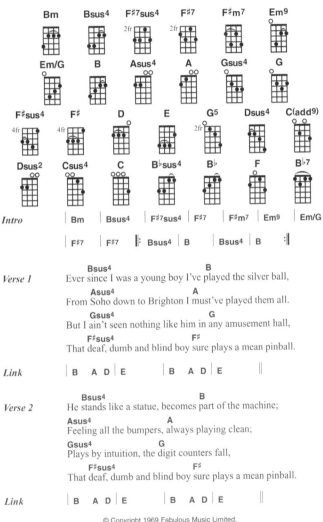

Intro | Bm | Bsus⁴ | F♯7sus⁴ | F♯7 | F♯m⁷ | Em⁹ | Em/G

| F♯7 | F♯7 ‖: Bsus⁴ | B | Bsus⁴ | B :‖

Verse 1

    Bsus⁴   B
Ever since I was a young boy I've played the silver ball,

    Asus⁴   A
From Soho down to Brighton I must've played them all.

    Gsus⁴   G
But I ain't seen nothing like him in any amusement hall,

    F♯sus⁴   F♯
That deaf, dumb and blind boy sure plays a mean pinball.

Link | B   A D | E | B   A D | E   ‖

Verse 2

    Bsus⁴   B
He stands like a statue, becomes part of the machine;

Asus⁴   A
Feeling all the bumpers, always playing clean;

Gsus⁴   G
Plays by intuition, the digit counters fall,

    F♯sus⁴   F♯
That deaf, dumb and blind boy sure plays a mean pinball.

Link | B   A D | E | B   A D | E   ‖

Bridge 1

        E   F#   B   E   F#   B
He's a pin - ball wizard, there has to be a twist,

        E   F#   B   G5   D   Dsus4   D
A pin - ball wizard's got such a supple wrist.

        D   Cadd9 G   D   Cadd9 G
How do you think   he   does it? (I don't   know)

        D   Cadd9 G   D
What makes him   so   good?

Verse 3

        Bsus4   B
Ain't got no distractions, can't hear no buzzers or bells.

        Asus4   A
Don't see lights a-flashing, plays by the sense of smell;

        Gsus4   G
Always gets a 'replay', never tilts at all;

           F#sus4   F#
That deaf, dumb and blind boy sure plays a mean pinball.

Link | B   A D | E | B   A D | E ||

Bridge 2

        E   F# B   E   F#   B
I thought I   was the bally-table king

          E F# B   G5   D   Dsus4   D
But I   just handed my pinball crown to him.

Link ||: Dsus4 | D | Dsus4 | D   :||

Verse 4

        Dsus4   D
Even at my favourite table he can beat my best,

          Csus4   C
His disciples lead him in, and he just does the rest,

           Bbsus4   Bb
He's got crazy flipper fingers, never see him fall,

           Asus4   A
That deaf, dumb and blind boy sure plays a mean pinball.

Coda | D   C F ||: Bb7 | Bb7   :|| *Repeat to fade*

The Power Of Love

Words & Music by Peter Gill, Holly Johnson, Mark O'Toole & Brian Nash

Intro
(spoken)

    Fm
    I'll protect you from the hooded claw,   Fm11

                    Fm   Fm11
Keep the vampires from your door.

Verse 1

Fm D♭   Fm
I ⎯ feels like fi - re,

          D♭
I'm so in love with you.

Fm
Dreams are like angels:

     D♭
They keep bad at bay, bad at bay.

Cm
Love is the light

        D♭   Fm
Scaring darkness away, ⎯ yeah.

         D♭
I'm so in love with you;

              Cm   D♭   E♭
Purge the soul, make love your goal.

Chorus 1

Fm   D♭
The power of love,

          Cm   D♭
A force from above cleaning my soul.

E♭   D♭   E♭
  Flame on, burn desire, love with tongues of fire.

             D♭
Purge the soul, make love your (goal.)

Link 1 | Fm | E♭ | Fm | E♭   ‖
goal.

Verse 2
Fm   D♭
   I'll protect you from the hooded claw,
                                    Cm
Keep the vampires from your door.
                          D♭
When the chips are down I'll be around
                    Fm
With my undying, death-defying love for you.
D♭
Envy will hurt itself.
Cm
Let yourself be beautiful,
D♭   E♭   Fm
Sparkling love, flowers and pearls and pretty girls.
                          D♭
Love is like an energy _____
                          Cm   D♭   E♭
Rushing in, rushing inside of me, hey. _____

Chorus 2
Fm   D♭
   The power of love,
                Cm   D♭
A force from above cleaning my soul.
E♭   A♭   D♭   E♭
   Flame on, burn de - sire, love with tongues of fire.
                    D♭
Purge the soul, make love your goal. _____

Link 2 | Fm | Fm | Fm | Fm   ‖

Verse 3
D♭
This time we go sublime,
Cm7
Lovers entwine-divine, divine.
       B♭m7
Love is danger, love is pleasure,
Cm7
Love is pure, the only treasure.

227

cont.

Fm   **D♭**
I'm so in love with you.

                    Cm⁷   **D♭**
Purge the soul, make love your __ goal.

Chorus 3

Fm   **D♭**
The power of love,

                    Cm⁷   **D♭**
A force from above, cleaning my soul.

E♭   **A♭**   **D♭**
The power of   love,

                E♭   **D♭**
A force from above, a sky-scraping dove.

Fm   **D♭**
Flame on, burn desire,

                    Fm
Love with tongues of fire.

Purge the soul,

D♭   **Fm** | **Fm¹¹** | **Fm**   ‖
Make love your goal. _____

Coda
(spoken)

Fm
I'll protect you from the hooded claw,

Fm¹¹
Keep the vampires from your door.

Rolling In The Deep

Words & Music by Paul Epworth & Adele Adkins

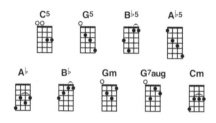

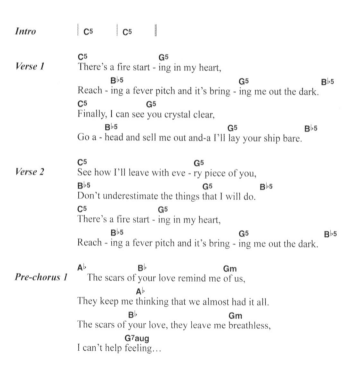

Intro　　|　C5　|　C5　‖

Verse 1
    C5　　　　　　　　　**G5**
There's a fire start - ing in my heart,
        B♭5　　　　　　　　　　　　　**G5**　　　　　　**B♭5**
Reach - ing a fever pitch and it's bring - ing me out the dark.
    C5　　　　　　**G5**
Finally, I can see you crystal clear,
      B♭5　　　　　　　　　　　　**G5**　　　　　　　**B♭5**
Go a - head and sell me out and-a I'll lay your ship bare.

Verse 2
    C5　　　　　　　　　　　**G5**
See how I'll leave with eve - ry piece of you,
B♭5　　　　　　　　　　　**G5**　　　　**B♭5**
Don't underestimate the things that I will do.
C5　　　　　　**G5**
There's a fire start - ing in my heart,
      B♭5　　　　　　　　　　　　　**G5**　　　　　　**B♭5**
Reach - ing a fever pitch and it's bring - ing me out the dark.

Pre-chorus 1
    A♭　　　　　　**B♭**　　　　　　　**Gm**
    The scars of your love remind me of us,
        A♭
They keep me thinking that we almost had it all.
    B♭　　　　　　　　**Gm**
The scars of your love, they leave me breathless,
     G7aug
I can't help feeling…

Chorus 1

(G7aug)   Cm B♭
We could have had it all,____

        A♭
Rolling in the deep.

   B♭   Cm   B♭
You had my heart in - side your hand

      A♭   B♭
And you played it to the beat.

Verse 3

C5   G5
Baby, I have no sto - ry to be told,

     B♭5   G5   B♭5
But I've heard one on you and I'm gonna make your head burn.

C5   G5
Think of me in the depths of your despair,

    B♭5   G5   B♭5
Make a home down there as mine sure won't be shared.

Pre-chorus 2   As Pre-chorus 1

Chorus 2   As Chorus 1

Bridge

B♭   A♭ B♭
Could have had it all,____

         Cm   B♭
Rolling in the deep.____

           A♭
You had my heart in - side your hand,

   B♭
But you played it with a beating.

Verse 4

N.C.(Cm)
Throw your soul through every open door,

Count your blessings to find what you look for.

Cm
Turn my sorrow into treasured gold,

You'll pay me back in kind and reap just what you've sown.

Breakdown
Chorus 3

Cm   **B♭**
(You're gonna wish you never had met me),

         A♭
We could have had it all,

 B♭   **Cm** **B♭**
We could have had it all,____

 A♭
It all, it all, it all.

Chorus 4

        Cm **B♭**
We could have had it all,____

     A♭
Rolling in the deep.

  B♭   **Cm** **B♭**
You had my heart in - side your hand

     A♭
And you played it to the beat.

B♭   **Cm** **B♭**
Could have had it all,____

     A♭
Rolling in the deep.

  B♭   **Cm** **B♭**
You had my heart in - side your hand,

    A♭
But you played it, you played it, you played it,

  B♭   **Cm**
You played it to the beat.

Raindrops Keep Fallin' On My Head

Words by Hal David
Music by Burt Bacharach

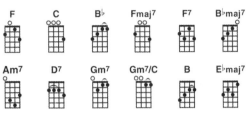

| Intro | ‖ F C | B♭ C ‖ |

Verse 1

F   Fmaj7
Raindrops keep falling on my head,

   F7   B♭maj7   Am7
And just like the guy whose feet are too big for his bed,

D7   Am7
Nothing' seems to fit,

D7   Gm7   Gm7/C
Those raindrops are falling on my head, they keep falling.

Verse 2

     F   Fmaj7
So I just did me some talkin' to the sun,

   F7   B♭maj7   Am7
And I said I didn't like the way he got things done

D7   Am7
Sleepin' on the job,

D7   Gm7   Gm7/C
Those raindrops are falling on my head, they keep falling.

Bridge 1

        Fmaj7 C
But there's one thing I know,

B   B♭   C   Am7
The blues they send to meet me won't de - feat me,

             D7   Gm7   Gm7/C C ‖ Gm7/C C ‖
It won't be long till happiness steps up to greet me.

Verse 3

F   Fmaj7
Raindrops keep falling on my head,

  F7   B♭maj7   Am7
But that doesn't mean my eyes will soon be turnin' red,

D7   Am7
Crying's not for me,

D7   Gm7   Gm7/C
'Cause I'm never gonna stop the rain by complainin',

      F Fmaj7
Because I'm free,

Gm7   Gm7/C Fmaj7
  Nothing's worrying me.

Bridge 2

 | C B | B♭ | C | Am7 | Am7   D7   Gm7
           It won't be long till happi - ness steps up to greet me.

 | Gm7/C C | Gm7/C C ‖

Verse 4

F   Fmaj7
Raindrops keep falling on my head,

  F7   B♭maj7   Am7
But that doesn't mean my eyes will soon be turnin' red,

D7   Am7
Crying's not for me,

D7   Gm7   Gm7/C
'Cause I'm never gonna stop the rain by complainin',

      F Fmaj7
Because I'm free,

Gm7   Gm7/C N.C.
  Nothing's worrying me.

Outro ‖: 4/4 Fmaj7 | 5/4 E♭maj7 | 4/4 Fmaj7 | 5/4 E♭maj7 :‖ *Repeat to fade*

Roxanne

Words & Music by Gordon Matthew Sumner

Gm F6 E♭maj7 Dm Cm

Fsus4 Gsus4 B♭ E♭ F

Intro | Gm | Gm ‖ Gm | F6 |

| E♭maj7 | Dm | Cm | Fsus4 | Gsus4 | N.C. ‖

Verse 1

      Gm   F6   E♭maj7   Dm
Roxanne,   you don't have to put on the red light,

Cm   Fsus4
Those days are over,

               Gsus4 N.C.
You don't have to sell your body to the night.

      Gm   F6   E♭maj7   Dm
Roxanne,   you don't have to wear that dress tonight,

Cm   Fsus4
  Walk the streets for money,

            Gsus4 N.C.
You don't care if it's wrong or if it's right.

      Cm   Fsus4   Gsus4
Roxanne,   you don't have to put on the red light,

      Cm   Fsus4   Gsus4 N.C.
Roxanne,   you don't have to put on the red light.

Chorus 1

Cm B♭
Roxanne, (put on the red light),

E♭   F
Roxanne, (put on the red light),

F   Gm
Roxanne, (put on the red light),

Cm B♭
Roxanne, (put on the red light),

E♭   F | Gsus4 | N.C. | N.C. ‖
Roxanne, (put on the red light), oh.

Link | Gm | Gm | Gm | Gm   ‖

Verse 2
      Gm   **F6**
I loved you since I knew ya,

      E♭maj7   **Dm**
I wouldn't talk down to ya,

    Cm   **Fsus4**
I have to tell you just how I feel,

         Gsus4 N.C.
I won't share you with another boy.

Gm   **F6**
I know my mind is made up,

      E♭maj7   **Dm**
So put away your make-up,

Cm   **Fsus4**
  Told you once, I won't tell you again,

      Gsus4 N.C.
It's a crime the way...

      Cm **Fsus4**   **Gsus4**
Roxanne,   you don't have to put on the red light,

      Cm **Fsus4**   **Gsus4**
Roxanne,   you don't have to put on the red light.

Chorus 2
     Cm B♭
‖: Roxanne, (put on the red light),

E♭   **F**
Roxanne, (put on the red light),

F   **Gm**
Roxanne, (put on the red light),   :‖ *Repeat to fade*

235

Run

Words & Music by Gary Lightbody, Jonathan Quinn,
Mark McClelland, Nathan Connolly & Iain Archer

Intro ‖: Am F │ G Gsus⁴ G │ Am F │ G Gsus⁴ G :‖

Verse 1
```
           Am        F    G    Gsus⁴ G
I'll sing it one last time for   you
              Am      F     G    Gsus⁴ G
Then we really have to   go
                   Am       F     G  Gsus⁴ G
You've been the only thing that's right
            Am    F    G     Gsus⁴ G
In all I've   done.
```

Verse 2
```
              Am          F    G     Gsus⁴ G
And I can barely look at you
              Am      F     G    Gsus⁴ G
But every single time I    do
              Am       F     G  Gsus⁴ G
I know we'll make it an - y - where
             Am    F    G     Gsus⁴ G
Away from   here.
```

Chorus 1
```
   C
   Light up, light up
   G
As if you have a choice
                  Am
Even if you cannot hear my voice
              F
I'll be right beside you dear
   C
   Louder, louder
                 G
And we'll run for our lives
                 Am
I can hardly speak I understand
                      F
Why you can't raise your voice to say.
```

Link　　　|　Am F　|　G Gsus4 G　|Am F　|G Gsus4 G　　‖

Verse 3
　　　　　　　　　Am　　　　**F**　　　**G**　　**Gsus4**　**G**
　　　　　　To think I might not see those eyes
　　　　　　　　　　Am　　　**F**　　**G**　**Gsus4**　**G**
　　　　　　It makes it so hard not to　　cry
　　　　　　　　　　Am　　　**F**　　　　**G**　**Gsus4**　**G**
　　　　　　And as we say our long good - byes
　　　　　　　　　Am　　**F**　　**G**　　**Gsus4**　**G**
　　　　　　I nearly do.

Chorus 2　　As Chorus 1

　　　　　　C
Chorus 3　　　Slower, slower
　　　　　　　　　G
　　　　　　We don't have time for that
　　　　　　　　　　　Am
　　　　　　All I want is to find an easier way
　　　　　　　　　　F
　　　　　　To get out of our little heads.
　　　　　　C
　　　　　　　Have heart my dear
　　　　　　　　　G
　　　　　　We're bound to be afraid
　　　　　　　　　　Am
　　　　　　Even if it's just for a　few days
　　　　　　　　　　F
　　　　　　Making up for all this mess.

Solo　　　‖: C　|　C　|　G　|　G　|　Am　|　Am　|　F　|　F　:‖

　　　　　　C
Outro　　　　Light up, light up
　　　　　　　　　G
　　　　　　As if you have a choice
　　　　　　　　　　Am
　　　　　　Even if you cannot hear my voice
　　　　　　　　　G　**F**　　　　|　C　‖
　　　　　　I'll be right beside you dear.

237

Should I Stay Or Should I Go

Words & Music by Mick Jones & Joe Strummer

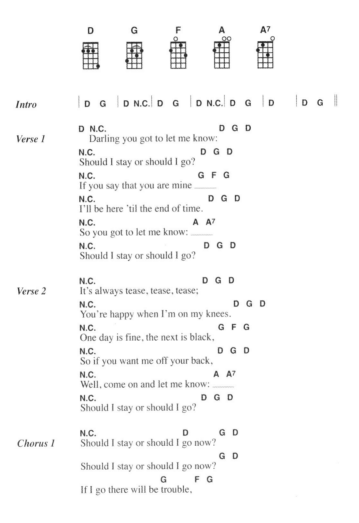

Intro | D G | D N.C.| D G | D N.C.| D G | D | D G ‖

Verse 1

D N.C.   D G D
    Darling you got to let me know:

N.C.   D G D
Should I stay or should I go?

N.C.   G F G
If you say that you are mine ____

N.C.   D G D
I'll be here 'til the end of time.

N.C.   A A⁷
So you got to let me know: ____

N.C.   D G D
Should I stay or should I go?

Verse 2

N.C.   D G D
It's always tease, tease, tease;

N.C.   D G D
You're happy when I'm on my knees.

N.C.   G F G
One day is fine, the next is black,

N.C.   D G D
So if you want me off your back,

N.C.   A A⁷
Well, come on and let me know: ____

N.C.   D G D
Should I stay or should I go?

Chorus 1

N.C.   D   G D
Should I stay or should I go now?

                               G D
Should I stay or should I go now?

                     G   F G
If I go there will be trouble,

	D G D
cont.	And if I stay it will be double.
	A D G ｜ D ‖
	So come on and let me know.

	N.C. D G D
Verse 3	This indecision's bugging me (esta undecision me molesta);
	N.C. D G D
	If you don't want me, set me free (si no me quieres, librame).
	N.C. G F G
	Exactly who am I'm supposed to be? (Digame que tengo ser).
	N.C. D
	Don't you know which clothes even fit me?
	G D
	(¿Saves que robas me queurda?)
	N.C. A A7
	Come on and let me know ___ (me tienes que desir)
	N.C. D G D
	Should I cool it or should I blow? (¿Me debo ir o quedarme?)

| *Instrumental* | ｜ D   G ｜ D N.C.｜ D   G   ｜ D N.C.｜ G   F ｜ G N.C. ｜ |
| | ｜ D   G ｜ D N.C.｜ A   ｜ A7   ｜ D   G ｜ D N.C.‖ |

	N.C. D G D
Chorus 2	Should I stay or should I go now? (¿Yo me frio o lo sophlo?)
	D G D
	Should I stay or should I go now? (¿Yo me frio o lo sophlo?)
	G F G
	If I go there will be trouble (si me voy va ver peligro),
	D G D
	And if I stay it will be double (si me quedo es doble).
	A
	So you gotta let me know (me tienes que decir):
	D G D
	Should I cool it or should I blow? (¿Yo me frio o lo sophlo?)

	G D
Chorus 3	Should I stay or should I go now? (¿Yo me frio o lo sophlo?)
	G F G
	If I go there will be trouble (si me voy va ver peligro),
	D G D
	And if I stay it will be double (si me quedo es doble).
	A
	So you gotta let me know (me tienes que decir):
	G D
	Should I stay or should I go?

Sing

Words & Music by Fran Healy

F#m7   Bm7   A   E

Intro ‖: F#m7 | Bm7 | Bm7 | F#m7 :‖

Verse 1
F#m7   Bm7
Baby, you've been going so crazy,
                                F#m7
Lately, nothing seems to be going right.
                          Bm7
So low, why do you have to get so low?
                                      F#m7
You're so, you've been waiting in the sun too long.

Chorus 1
                  A   E   Bm7
But if you sing, sing,
                        A
Sing, sing, sing, sing.
                              E   Bm7
For the love you bring won't mean a thing
                                  A
Unless you sing, sing, sing, sing.

Verse 2
F#m7   Bm7
Colder, crying over your shoulder,
                              F#m7
Hold her, tell her everything's gonna be fine.
                          Bm7
Surely, you've been going too hurry,
                                    F#m7
Hurry, 'cause no one's gonna be stopped, now, now, now, now, now,

Chorus 2

          A   **E**   **Bm⁷**
But if you sing, ____

             A
Sing, sing, sing, sing.

                       E   **Bm⁷**
For the love you bring won't mean a thing

Unless you sing, sing, sing,

A
   Sing, sing, sing, sing.

Link

‖: **A** **E** | **Bm⁷** | **Bm⁷** | **A**   :‖

Verse 3

F♯m⁷   **Bm⁷**
Baby, there's something going on   today

          F♯m⁷
But I say   nothing, nothing, nothing,

                Bm⁷   **F♯m⁷**
Nothing, nothing,   nothing, nothing ...

Chorus 3

                                      A   **E**   **Bm⁷**
Now, now, now, now, now, but if you sing, sing,

            A
Sing, sing, sing, sing.

                       E   **Bm⁷**
For the love you bring won't mean a thing

                   A
Unless you sing, sing, sing, sing.

Chorus 4

          A   **E**   **Bm⁷**
Oh baby sing, sing,

            A
Sing, sing, sing, sing.

                       E   **Bm⁷**
For the love you bring won't mean a thing

                  N.C.   **A**
Unless you sing, sing, sing, sing.

Sailing

Words & Music by Gavin Sutherland

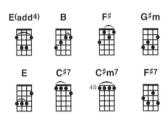

E(add4)   B   F♯   G♯m

E   C♯7   C♯m7   F♯7

Intro | E(add4) | B | E(add4) | B F♯ ‖
                                          (I am)

                      B   G♯m
Verse 1   I am sailing, I am sailing
                          E   B
              Home a - gain, 'cross the sea
                      C♯7   G♯m
              I am sailing stormy waters
                          C♯m7
              To be near you,
                      B   F♯
              To be free.

                      B   G♯m
Verse 2   I am flying, I am flying
                          E   B
              Like a bird 'cross the sky
                      C♯7   G♯m
              I am flying, passing high clouds
                          C♯m7
              To be with you
                      B   F♯
              To be free.

Verse 3

         B   **G♯m**
Can you hear me? Can you hear me
               E   **B**
Through the dark night far a - way?
      C♯7   **G♯m**
I am dying, forever crying
        C♯m7
To be with you,
        B   **F♯**
Who can say?

Verse 4

         B   **G♯m**
Can you hear me? Can you hear me
               E   **B**
Through the dark night far a - way?
      C♯7   **G♯m**
I am dying, forever crying,
        C♯m7
To be with you,
        B   **F♯**
Who can say?

Guitar solo | **E** | **G♯m**   **F♯** | **G♯m** |

                 | **E** | **B** | **F♯** | **F♯7** ‖

Verse 5

        B   **G♯m**
We are sailing, we are sailing

          E   **B**
Home a - gain 'cross the sea

        C♯7   **G♯m**
We are sailing stormy waters,

      C♯m7
To be near you,

   B
To be free,

F♯   **C♯m7**
Oh Lord, to be near you

   B
To be free,

F♯   **C♯m7**
Oh my Lord, to be near you

   B
To be free.

F♯   **C♯m7**
Oh my Lord, to be near you

   B
To be free.

F♯
Oh Lord.

Link | **E(add4)** | **B   F♯** ‖

Outro   ‖: **B** | **G♯m** | **E** | **B** |

            | **C♯7** | **G♯m** | **C♯m7** | **B   F♯** :‖ *Repeat to fade*

244

Somebody To Love

Words & Music by Freddie Mercury

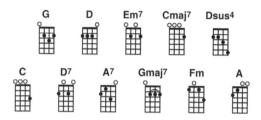

To match recording tune ukulele up one semitone

Intro

G   D Em⁷ Cmaj⁷ Dsus⁴
Can an - y - bod -y   find me

C   G D⁷ G   N.C. G   D
Somebod - y to love?

Em⁷ C   D   G   D⁷
Ooh,__ ooh.

Verse 1

     G   D   Em⁷
Each morning I get up I die a little,

     G   A⁷   D
Can barely stand on my feet.

     C G D   Em⁷
Take a look_____ in the mirror and cry,

A⁷   D
Lord, what you're doing to me.

     G   A⁷   D
I have spent all my years in be - lieving you

          A   D⁷ C
But I just can't get no re - lief, Lord.

Chorus 1

G
Somebody (Somebody,) ooh, somebody, (Please.)

       D7 **Em7** **Cmaj7**
Can any - body find me

Dsus4   **G** **Gmaj7** **Em7** **C**
Somebody to love?   Yeah.

Verse 2

D7   **G**
    I work hard (He works hard.)

    D   **Em7**
Every day of my life,

G   **A7**   **D**
I work till I ache my bones.

      G   **D**   **Em7**
At the end, (At the end of the day,)

        A7   **D**
I take home my hard-earned pay all on my own.

    G   **A7**   **D**
I go down on my knees and I start to pray

        A7   **D7** **C**
Till the tears run down from my eyes, Lord.

Chorus 2

G
Somebody (Somebody,) ooh, somebody, (Please.)

      D7 **Em7** **Cmaj7**
Can any - body find me

Dsus4   **G** **G7**
Somebody to love?

Bridge

C
(He works hard.) Every day I've tried, I've tried, I've tried

F
But everybody wants to put me down.

     Fm
They say I'm going crazy.

A
    They say I got a lot of water in my brain.

Ah, I got no common sense.

        D
I got nobody left to be - lieve.

(Yeah, yeah, yeah, yeah.)

Guitar solo | G   D | Em7 | G   A | D   C |

| G   D | Em7 | A | D |

| G   A7 | D | D   A7 | D7   C |
                                         (Ooh,_____) Ooh,   Lord,

Chorus 3
G   D7   Em7 Cmaj7
Ooh, somebody, ooh, any - body find me

Dsus4   G   Gmaj7
  Some - body to love.

             Em7 C   Dsus4
(Can any - body find me someone...)

Verse 3
          G   D   Em7
Got no feel,I got no rhythm,

          G   A7   D
I'll just keep losing my beat.

          G   D   Em7
I'm O.K., I'm all right.

          A7   D
I ain't gonna face no defeat,

          G   A7   D
I just gotta get out of this prison cell,

                  A7   D7 C
Someday I'm gonna be free,Lord.

Chorus 4

          (N.C.)
‖: (Find me somebody to love.) :‖   *Play 10 times*
                                    with lead vocal ad lib.

(Somebody, somebody, somebody, somebody, somebody,)

(Find me somebody, find me somebody to love.

          G   D   Em7 Cmaj7 Dsus4
Can any - body find me

N.C.
Somebody to love?

          G Gmaj7 Em7   C   D   G
Outro chorus ‖: (Find me somebody to____ love. :‖ *Play 7 times*
                                    with lead vocal ad lib.

N.C.
Find me, find me, find me love.

247

Songbird

Words & Music by Christine McVie

G   D   Csus2   C

Am7   Am   Em

Intro ‖: G   G   D | Csus2   :‖

| G   G   D | C   D |

Verse 1

        C   G
For you, there'll be no crying

Am7 G   C   G
   For   you,   the sun will be shining

Am7 G   Am   Em
    'Cause I feel that when I'm with you

     Csus2   G
It's all right, I know it's right.

Chorus 1

               D   C
And the songbirds keep singing

          Em
Like they know the score

        C   D
And I love you, I love you, I love you

         G
Like never before.

Guitar Solo

C	C	G	G Am7 G
C	C	G	G
D	C	Em	Em
C	D	G	G

Verse 2

       C   G
To you, I would give the world

Am7 G   C   G
  To   you, I'd   never be cold

Am7   G   Am   Em
    'Cause I feel that when I'm with you

      Csus2   G
It's all right, I know it's right.

Chorus 2

              D   C
And the songbirds keep singing

           Em
Like they know the score

        C   D
And I love you, I love you, I love you

       G   Am7   G
Like never before,

C   G   Am7   G
  Like never before

C   G
  Like never before.

The Sound Of Silence

Words & Music by Paul Simon

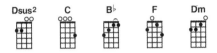

To match recording tune ukulele up one semitone

Intro | Dsus² ‖

Verse 1
      Dsus²   **C**
   Hello, darkness, my old friend,
                          Dsus²
I've come to talk with you again,
                  B♭   **F**
Because a vision softly creeping
                  B♭   **F**
Left its seeds while I was sleeping
        B♭
And the vision
                F
That was planted in my brain
            Dm
Still remains
F   **C**   **Dsus²** **Dm**
   Within the sound of silence.

Verse 2
   N.C.   **C**
In restless dreams I walked alone
                  Dm
Narrow streets of cobblestone.
                B♭   **F**
Beneath the halo of a street lamp
                B♭   **F**
I turned my collar to the cold and damp
             B♭
When my eyes were stabbed
                 F
By the flash of a neon light

	Dm
cont.	That split the night

F   **C**   **Dm**
And touched the sound of silence.

                 C

Verse 3 And in the naked light I saw

                    Dm
Ten thousand people, maybe more:

            B♭   **F**
People talking without speaking,

            B♭   **F**
People hearing without listening,

        B♭   **F**
People writing songs that voices never share

              Dm
And no-one dare

F   **C**   **Dm**
Disturb the sound of silence.

                C

Verse 4 "Fools," said I, "You do not know

          Dm
Silence like a cancer grows.

             B♭   **F**
Hear my words that I might teach you,

            B♭   **F**
Take my arms that I might reach you."

       B♭   **F**   **Dm**
But my words like silent raindrops fell,

      F   **C**   **Dm**
And echoed in the wells of silence.

                C

Verse 5 And the people bowed and prayed

          Dm
To the neon god they made.

            B♭   **F**
And the sign flashed out its warning

            B♭   **F**
In the words that it was forming,

            B♭
And the sign said, "The words of the prophets

              F
Are written on the subway walls

            Dm
And tenement halls,

      F   **C**   **Dsus2**
And whispered in the sounds of silence."

Someone Like You

Words & Music by Daniel Wilson & Adele Adkins

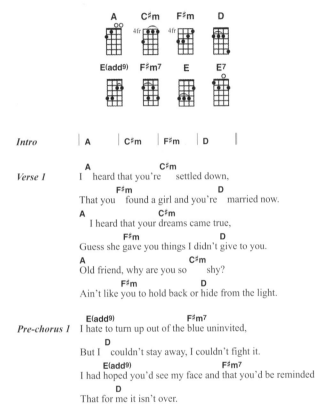

Intro | A | C#m | F#m | D   ‖

Verse 1
      A   **C#m**
I   heard that you're   settled down,

           F#m   **D**
That you   found a girl and you're   married now.

A   **C#m**
   I heard that your dreams came true,

           F#m   **D**
Guess she gave you things I didn't give to you.

A   **C#m**
Old friend, why are you so   shy?

           F#m   **D**
Ain't like you to hold back or hide from the light.

Pre-chorus 1
     E(add9)   **F#m7**
I hate to turn up out of the blue uninvited,

        D
But I   couldn't stay away, I couldn't fight it.

     E(add9)   **F#m7**
I had hoped you'd see my face and that you'd be reminded

        D
That for me it isn't over.

Chorus 1

    A   E   F♯m   D
Never mind, I'll find someone like you,

   A   E   F♯m D
I wish nothing but the best for you two.

        A   E   F♯m   D
Don't for - get me, I beg, I'll re - member you said,

          A   E   F♯m D
"Sometimes it lasts and loves, but sometimes it hurts in - stead.___

          A   E   F♯m D
Sometimes it lasts and loves, but sometimes it hurts in - stead."___

Verse 2

   A   C♯m
You know how the   time flies,

   F♯m   D
Only   yesterday was the time of our lives.

      A   C♯m
We were born and raised in a   summer haze,

    F♯m   D
Bound by the surprise of our glory days.

Pre-chorus 2

   E(add9)   F♯m7
I hate to turn up out of the blue uninvited,

   D
But I   couldn't stay away, I couldn't fight it.

   E(add9)   F♯m7
I had hoped you'd see my face and that you'd be reminded

      D
That for me it isn't over.

Chorus 2

   A   E   F♯m   D
Never mind, I'll find someone like you,

   A   E   F♯m D
I wish nothing but the best for you two.

        A   E   F♯m   D
Don't for - get me, I beg, I'll re - member you said,

          A   E   F♯m D
"Sometimes it lasts and loves, but sometimes it hurts in - stead."___

Bridge

E
Nothing compares, no worries or cares,

F#m
Re - grets and mistakes, they are memories made.

D   E   A   D   E7
Who would have known how bitter - sweet this would taste?

Chorus 3

A   E   F#m   D
  Never mind, I'll find someone like you,____

    A   E   F#m D
I wish nothing but the best for you.____

      A   E   F#m   D
Don't for - get me, I beg, I'll re - member you said,

          A   E   F#m   D
"Sometimes it lasts and loves, but sometimes it hurts in - stead."____

Chorus 4

A   E   F#m   D
  Never mind, I'll find someone like you,

    A   E   F#m D
I wish nothing but the best for you two.

      A   E   F#m   D
Don't for - get me, I beg, I'll re - member you said,

          A   E   F#m   D
"Sometimes it lasts and loves, but sometimes it hurts in - stead.____

      A
Sometimes it lasts and loves,

E   F#m   D E F#m D A
But sometimes it hurts in - stead."____

Space Oddity

Words & Music by David Bowie

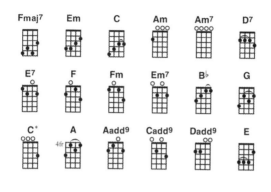

fade in

Intro ‖: Fmaj7 | Em :‖ *Play 4 times*

C   Em
Ground Control to Major Tom,
C   Em
Ground Control to Major Tom,
Am   Am7   D7
Take your protein pills and put your helmet on.
C   Em
Ground Control to Major Tom,
C   Em
Commencing countdown, engines on.
Am   Am7   D7
Check ignition and may God's love be with you.

Link 1 **N.C.** *(rocket launch f/x)*

Verse 1

C   E⁷
This is Ground Control to Major Tom,

                    F
You've really made the grade.

      Fm   C   F
And the papers want to know whose shirts you wear.

      Fm   C   F
Now it's time to leave the capsule if you dare.

Verse 2

C   E⁷
"This is Major Tom to Ground Control,

                      F
I'm stepping through the door.

      Fm   C   F
And I'm floating in a most peculiar way,

      Fm   C   F
And the stars look very different today."

Chorus 1

      Fmaj⁷   Em⁷
"For here am I sitting in a tin can,

Fmaj⁷   Em⁷
Far above the world.

B♭   Am
Planet Earth is blue,

        G   F
And there's nothing I can do."

Link 2

|C* F G A |C* F G A ‖

|Fmaj⁷ |Em⁷ |Aadd⁹ |Cadd⁹ |Dadd⁹ |E   ‖

Verse 3

C   E⁷
"Though I'm past one hundred thousand miles,

                    F
I'm feeling very still.

     Fm   C   F
And I think my spaceship knows which way to go.

     Fm   C   F
Tell my wife I love her very much, she knows."

Verse 4

G   E⁷
Ground Control to Major Tom,

     Am   Am⁷
Your circuit's dead, there's something wrong.

         D⁷
Can you hear me, Major Tom?

       C
Can you hear me, Major Tom?

       G
Can you hear me, Major Tom? Can you…

Chorus 2

Fmaj⁷   Em⁷
"Here am I floating round my tin can,

Fmaj⁷   Em⁷
Far above the Moon.

B♭   Am
Planet Earth is blue,

       G   F
And there's nothing I can do."

Coda

| C* F G A | C* F G A ‖

To fade

| Fmaj⁷ | Em⁷ | Aadd⁹ | Cadd⁹ | Dadd⁹ ‖: E :‖

257

Stand By Me

Words and Music by Jerry Leiber, Mike Stoller and Ben E. King

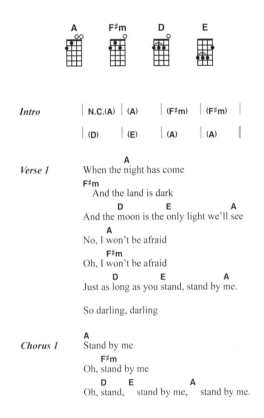

Intro

| N.C.(A) | (A) | (F♯m) | (F♯m) |
| (D) | (E) | (A) | (A) |

Verse 1

      A
When the night has come
F♯m
  And the land is dark
      D   **E**   **A**
And the moon is the only light we'll see
  A
No, I won't be afraid
   F♯m
Oh, I won't be afraid
      D   **E**   **A**
Just as long as you stand, stand by me.

So darling, darling

Chorus 1

A
Stand by me
   F♯m
Oh, stand by me
   D   **E**   **A**
Oh, stand,   stand by me,   stand by me.

Verse 2

A
If the sky that we look upon

F♯m
   Should tumble and fall

      D   E   A
Or the mountains should crumble to the sea

      A
I won't cry, I won't cry

          F♯m
No, I won't___ shed a tear

      D   E   A
Just as long as you stand, stand by me.

And darling, darling

Chorus 2

A
Stand by me

   F♯m
Oh, stand by me

       D   E   A
Whoa, stand now, stand by me,   stand by me.

Instrumental ‖: A | A | F♯m | F♯m |

                    | D | E | A | A   :‖

                                          (2°) And darling, darling

Chorus 3 ‖: A
                  Stand by me

       F♯m
Oh, stand by me

       D   E   A
Oh, stand now, stand by me, stand by me

                                  A
Whenever you're in trouble won't you stand by me

       F♯m
Oh, stand by me

       D   E   A
Whoa, stand now, oh, stand, stand by me.

Darling, darling :‖ *Repeat ad lib. to fade*

Stuck In The Middle With You

Words & Music by Gerry Rafferty & Joe Egan

Intro   ‖: D   D⁷sus²   D⁶sus² | D⁷sus²   D⁶sus²   D⁷sus²   D⁶sus² :‖

   | D | D | D | D   ‖

Verse 1

             D
Well I don't know why I came here tonight,

I got the feeling that something ain't right.
            G⁷
I'm so scared in case I fall off my chair
            D
And I'm wondering how I'll get down those stairs.
     A⁷   **C**   **G⁷**
Clowns to the left of me, jokers to the right.
            D
Here I am, stuck in the middle with you.

Verse 2

             D
Yes I'm   stuck in the middle with you

And I'm wondering what it is I should do.
            G⁷
It's so hard to keep the smile from my face,
            D
Losing control, yeah I'm all over the place.
     A⁷   **C**   **G⁷**
Clowns to the left of me, jokers to the right.
            D
Here I am, stuck in the middle with you.

Middle 1
               G7
Well, you started out with nothing

                                     D
And you're proud that you're a self-made man,
               G7
And your friends they all come crawling,
                        D   Am7
Slap you on the back and say "Please,__ please."

Link 1 | D | D | D | D   ‖

Verse 3
              D
Well I'm trying to make some sense of it all

But I can see that it makes no sense at all.
             G7
Is it cool to go to sleep on the floor?
             D
I don't think that I can take anymore.
       A7   C   G7
Clowns to the left of me, jokers to the right.
             D
Here I am, stuck in the middle with you.

Instrumental | D | D | D | D | G7 | G7 |

                      | D | D | A7 | C G7 | D | D   ‖

Middle 2   As Middle 1

Link 2   As Link 1

Verse 4   As Verse 1

Outro
                D
Guess I'm   stuck in the middle with you,

Stuck in the middle with you,

Here I am stuck in the middle with you. | D   ‖

261

Summer Of '69

Words & Music by Bryan Adams & Jim Vallance

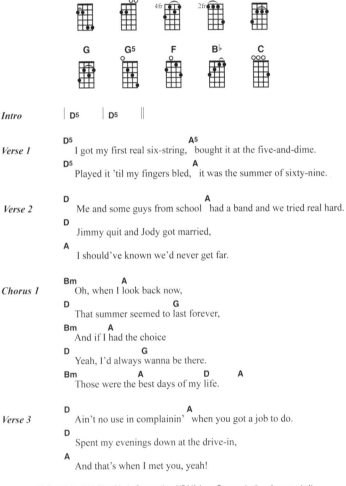

Intro | D5 | D5 ‖

Verse 1
D5
   I got my first real six-string,   A5 bought it at the five-and-dime.
D5
   Played it 'til my fingers bled,   A it was the summer of sixty-nine.

Verse 2
D
   Me and some guys from school   A had a band and we tried real hard.
D
   Jimmy quit and Jody got married,
A
   I should've known we'd never get far.

Chorus 1
Bm   A
   Oh, when I look back now,
D   G
   That summer seemed to last forever,
Bm   A
   And if I had the choice
D   G
   Yeah, I'd always wanna be there.
Bm   A   D   A
   Those were the best days of my life.

Verse 3
D   A
   Ain't no use in complainin'   when you got a job to do.
D
   Spent my evenings down at the drive-in,
A
   And that's when I met you, yeah!

Chorus 2

Bm   A
Standin' on your Mama's porch,
D   G
You told me that you'd wait forever.
Bm   A
Oh, and when you held my hand
D   G
I knew that it was now or never.
Bm   A   D   A
Those were the best days of my life, oh yeah
                             D   A
Back in the summer of sixty-nine.

Bridge

F   B♭   C
Man, we were killin' time, we were young and restless,
      B♭
We needed to unwind.
F   B♭   C
I guess nothin' can last forever, forever, no.

| D | D | A | A | D | D | A | A ‖

Verse 4

D
And now the times are changin',
A
Look at everything that's come and gone.
D
Sometimes when I play that old six-string
A
I think about you, wonder what went wrong.

Chorus 3

Bm   A
Standin' on your Mama's porch,
D   G
You told me it would last forever.
Bm   A
Oh, and when you held my hand,
D   G
I knew that it was now or never.
Bm   A   D   A
Those were the best days of my life, oh yeah.
                             D   A
Back in the summer of sixty-nine.

To fade

Coda   ‖: D | D | A | A :‖

Surfin' U.S.A.

Words by Brian Wilson
Music by Chuck Berry

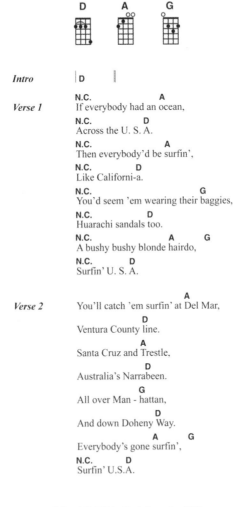

Intro | D |

Verse 1
N.C.   A
If everybody had an ocean,
N.C.   D
Across the U. S. A.
N.C.   A
Then everybody'd be surfin',
N.C.   D
Like Californi-a.
N.C.   G
You'd seem 'em wearing their baggies,
N.C.   D
Huarachi sandals too.
N.C.   A   G
A bushy bushy blonde hairdo,
N.C.   D
Surfin' U. S. A.

Verse 2
                                        A
You'll catch 'em surfin' at Del Mar,
                    D
Ventura County line.
                    A
Santa Cruz and Trestle,
                    D
Australia's Narrabeen.
                    G
All over Man - hattan,
                    D
And down Doheny Way.
                          A   G
Everybody's gone surfin',
N.C.   D
Surfin' U.S.A.

Verse 3

                               A
We'll all be planning out a route,

N.C.   **D**
We're gonna take real soon.

N.C.   **A**
We're waxing down our surfboards,

N.C.   **D**
We can't wait for June.

N.C.   **G**
We'll all be gone for the summer,

N.C.   **D**
We're on safari to stay.

N.C.   **A**   **G**
Tell the teacher we're surfin',

N.C.   **D**
Surfin' U. S. A.

Verse 4

                A
Haggerties and Swamies,

          D
Pacific Pali - sades.

             A
San Onofre and Sunset,

             D
Redondo Beach L. A.

       G
All over La Jolla,

        D
At Wa'imea Bay.

                 A   **G**
Everybody's gone surfin',

N.C.   **D**
Surfin' U.S. A.

Instrumental | **A** | **D** | **A** | **D** |

              | **G** | **D** |

Outro

                     A   **G**
‖: Everybody's gone surfin',

N.C.   **D**
Surfin' U.S. A.

                     A   **G**
Everybody's gone surfin',

N.C.   **D**
Surfin' U. S. A. :‖   *Repeat to fade*

265

Sultans Of Swing

Words & Music by Mark Knopfler

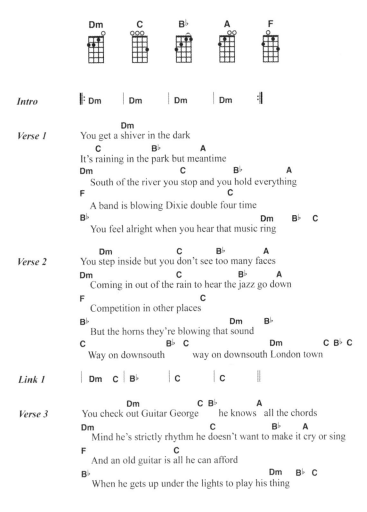

Intro ‖: Dm | Dm | Dm | Dm :‖

Verse 1

               Dm
You get a shiver in the dark
       C   B♭   A
It's raining in the park but meantime
Dm   C   B♭   A
   South of the river you stop and you hold everything
F   C
   A band is blowing Dixie double four time
B♭   Dm   B♭ C
   You feel alright when you hear that music ring

Verse 2

           Dm   C   B♭   A
You step inside but you don't see too many faces
Dm   C   B♭   A
   Coming in out of the rain to hear the jazz go down
F   C
   Competition in other places
B♭   Dm   B♭
   But the horns they're blowing that sound
C   B♭ C   Dm   C B♭ C
   Way on downsouth   way on downsouth London town

Link 1 | Dm C | B♭ | C | C ‖

Verse 3

          Dm   C B♭   A
You check out Guitar George   he knows all the chords
Dm   C   B♭   A
   Mind he's strictly rhythm he doesn't want to make it cry or sing
F   C
   And an old guitar is all he can afford
B♭   Dm   B♭ C
   When he gets up under the lights to play his thing

Verse 4

```
Dm                      C    B♭           A
    And Harry doesn't mind if he doesn't   make the scene
Dm                      C         B♭      A
    He's got a day-time job, he's doing al - right
F                                     C
    He can play the honky-tonk just like anything
B♭                              Dm   B♭  C
    Saving it up for Friday night
                    B♭  C                    Dm    C   B♭  C
With the Sultans        with the Sultans of Swing
```

Link 2

```
| Dm  C | B♭      | C      | C      ‖
```

Verse 5

```
          Dm                        C       B♭        A
And a crowd of young boys they're fooling a - round in the corner
Dm                              C            B♭              A
    Drunk and dressed in their best brown baggies and their platform soles
F                                   C
    They don't give a damn about any trumpet playing band
B♭                      Dm       B♭
    It ain't what they call rock and roll
C                  B♭  C                 Dm    C   B♭  C
    And the Sultans        the Sultans played Creole
```

Link 3

```
| Dm  C | B♭      | C      | C      ‖
```

Guitar solo 1

```
‖: Dm       | C  B♭  | A      | A       :‖

  | F       | F      | C      | C       |

  | B♭      | B♭     | Dm     | Dm  B♭  |

  | C       | C  B♭  | C      | C       |

  ‖: Dm  C  | B♭     | C      | C       :‖
```

Verse 6

Dm   C   B♭   A
    And then the man he steps right up to the microphone
Dm   C   B♭   A
    And says at last just as the time bell rings
F   C
    'Thank you goodnight, now it's time to go home'
B♭   Dm   B♭
    And he makes fast with one more thing
C   B♭ C   Dm C B♭ C
    'We are the Sultans   we are the Sultans of Swing'

Link 4 | Dm C | B♭ | C | C ||

Guitar solo 2 ‖: Dm C | B♭ | C | C   :‖ *Play 8 times to fade*

Sweet Home Alabama

Words & Music by Ronnie Van Zant, Edward King & Gary Rossington

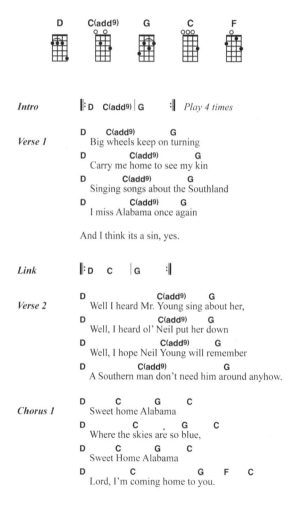

| D | C(add9) | G | C | F |

Intro   ‖: D   C(add9) │ G   :‖   *Play 4 times*

Verse 1
D   C(add9)   G
Big wheels keep on turning
D   C(add9)   G
Carry me home to see my kin
D   C(add9)   G
Singing songs about the Southland
D   C(add9)   G
I miss Alabama once again

And I think its a sin, yes.

Link   ‖: D   C   │ G   :‖

Verse 2
D   C(add9)   G
Well I heard Mr. Young sing about her,
D   C(add9)   G
Well, I heard ol' Neil put her down
D   C(add9)   G
Well, I hope Neil Young will remember
D   C(add9)   G
A Southern man don't need him around anyhow.

Chorus 1
D   C   G   C
Sweet home Alabama
D   C   ,   G   C
Where the skies are so blue,
D   C   G   C
Sweet Home Alabama
D   C   G   F   C
Lord, I'm coming home to you.

Instrumental 1 ‖: D   C | G   :‖

Verse 3

D   C(add9)   G   F   C
In Birmingham they love the gov'nor, (ooh, ooh, ooh)

D   C(add9)   G
Now we all did what we could do

D   C(add9)   G
Now Watergate does not bother me

D   C(add9)   G
Does your conscience bother you?

Tell the truth.

Chorus 2

D   C   G   C
Sweet home Alabama

D   C   G   C
Where the skies are so blue

D   C   G   C
Sweet Home Alabama

D   C   G
Lord, I'm coming home to you

Here I come, Alabama.

Instrumental 2 ‖: D   C | G   :‖ *Play 10 times*

Verse 4

D   C(add9)   G
Now Muscle Shoals has got the Swampers

D   C(add9)
And they've been known to pick a song or two (yes they do),

D   C(add9)   G
Lord they get me off so much

D   C(add9)   G
They pick me up when I'm feeling blue

Now how about you?

Chorus 3

D   C   G   C
Sweet home Alabama

D   C   G   C
Where the skies are so blue

D   C   G   C
Sweet Home Alabama

D   C   G   F   C
Lord, I'm coming home to you.

Chorus 4

D   C   G   C
Sweet home Alabama (oh sweet home baby)

D   C   G   C
Where the skies are so blue (and the guv'nor's true)

D   C   G   C
Sweet Home Alabama (Lordy)

D   C   G
Lord, I'm coming home to you.

Outro   ‖: D C | G :‖   *Repeat to fade*

Yeah, yeah Montgomery's got the answer.

Sweet Caroline

Words & Music by Neil Diamond

F#7 **B** **E** **B6** **F#** **D#m** **C#m**

Intro

| F#7 | F#7 | F#7 | F#7 |
| F#7 | F#7 | F#7 | F#7 ‖

Verse 1

    B   **E**
     Where it began,

I can't begin to know when,   **B**

                   F#7 **B**
But then I know it's growing strong.

          E
Was in the spring,

                 B
And spring became the summer.

                   F#7
Who'd of believed you'd come a - long?

Pre-chorus 1

B   **B6**   **F#**   **E**
Hands, touching hands, reaching out,

               F#
Touching me, touching you.

Chorus 1

B   **E**
Sweet Caro - line,

                   F#
Good times never seem so good.

B   **E**   **F#**
I've been in - clined to believe they never would.

E **D#m** **C#m**
But now I...

Verse 2

```
       B                    E
         Look at the night,
                           B
And it don't seem so lonely,
                  F♯7    B
We fill it up with only two.
                 E
And when I hurt,
                          B
Hurting runs off my shoulders.
                       F♯7
How can I hurt when holding you?
```

Pre-chorus 2

```
B    B6          F♯              E
One,   touching one,   reaching out
                 F♯
Touching me, touching you.
```

Chorus 2

```
B           E
Sweet Caro - line,
                    F♯
Good times never seem so good.
B           E                           F♯
I've been in - clined to believe they never would.
E   D♯m  C♯m
Oh no,   no.
```

Link

```
| F♯7     | F♯7     | F♯7     | F♯7     |

| F♯7     | F♯7     | F♯7     | F♯7     ‖
```

Chorus 3

```
   B           E
‖: Sweet Caro - line,
                    F♯
Good times never seem so good.
B           E
Sweet Caro - line,
             F♯
I believe they never could. :‖  Repeat to fade
```

273

These Boots Are Made For Walking

Words & Music by Lee Hazlewood

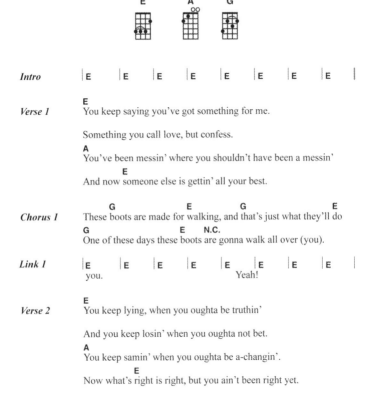

Intro |E |E |E |E |E |E |E |E |

Verse 1
E
You keep saying you've got something for me.

Something you call love, but confess.
A
You've been messin' where you shouldn't have been a messin'
    E
And now someone else is gettin' all your best.

Chorus 1
    G   **E**   **G**   **E**
These boots are made for walking, and that's just what they'll do
G   **E**   **N.C.**
One of these days these boots are gonna walk all over (you).

Link 1 |E |E |E |E |E |E |E |E |
   you.   Yeah!

Verse 2
E
You keep lying, when you oughta be truthin'

And you keep losin' when you oughta not bet.
A
You keep samin' when you oughta be a-changin'.
    E
Now what's right is right, but you ain't been right yet.

Chorus 2

        G   E   G   E
These boots are made for walking, and that's just what they'll do
G   E   N.C.
One of these days these boots are gonna walk all over (you).

Link 2

| E | E | E | E | E | E | E | E |
you.

Verse 3

E
You keep playin' where you shouldn't be playin'

And you keep thinkin' that you'll never get burnt, ha!
A
I just found me a brand new box of matches, yeah
E
And what he know you ain't have time to learn.

Chorus 3

        G   E   G   E
These boots are made for walking, and that's just what they'll do
G   E   N.C.
One of these days these boots are gonna walk all over (you).

Link 3

| E | E | E | E |
you.
E
  Are you ready boots? Start walkin'!

Outro

‖: E | E | E | E :‖   *Repeat to fade*

Three Little Birds

Words & Music by Bob Marley

A D E

Intro | A | A | A | A ||

Chorus 1
    A
Don't worry about a thing,
    D   A
'Cause every little thing gonna be all right.

Singin' don't worry about a thing,
    D   A
'Cause every little thing gonna be all right!

Verse 1
     A
Rise up this mornin',
       E
Smiled with the risin' sun,
    A
Three little birds
    D
Pitch by my doorstep
    A
Singin' sweet songs
     E
Of melodies pure and true,
    D   A
Sayin', "This is my message to you-ou-ou:"

Chorus 2
     A
Singin' don't worry 'bout a thing,
    D   A
'Cause every little thing gonna be all right.

Singin' don't worry (don't worry) 'bout a thing,
    D   A
'Cause every little thing gonna be all right!

Verse 2

              A
Rise up this mornin',

                 E
Smiled with the risin' sun,

          A
Three little birds

            D
Pitch by my doorstep

       A
Singin' sweet songs

          E
Of melodies pure and true,

      D   A
Sayin', "This is my message to you-ou-ou:"

Chorus 3

             A
‖: Singin' don't worry about a thing, worry about a thing, oh!
D   A
Every little thing gonna be all right, don't worry!

Singin' don't worry about a thing, I won't worry!

          D   A
'Cause every little thing gonna be all right. :‖ *Repeat to fade*

Thinking Out Loud

Words & Music by Ed Sheeran & Amy Wadge

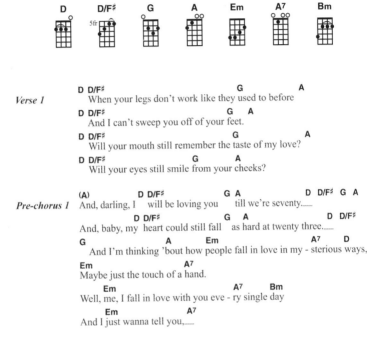

Verse 1

D D/F♯   G   A
When your legs don't work like they used to before

D D/F♯   G   A
And I can't sweep you off of your feet.

D D/F♯   G   A
Will your mouth still remember the taste of my love?

D D/F♯   G   A
Will your eyes still smile from your cheeks?

Pre-chorus 1

(A)   D D/F♯   G A   D D/F♯ G A
And, darling, I   will be loving you   till we're seventy.___

                     D D/F♯   G   A   D D/F♯
And, baby, my heart could still fall   as hard at twenty three.___

G   A   Em   A⁷   D
And I'm thinking 'bout how people fall in love in my - sterious ways,

Em   A⁷
Maybe just the touch of a hand.

       Em   A⁷   Bm
Well, me, I fall in love with you eve - ry single day

       Em   A⁷
And I just wanna tell you,___

Chorus 1

N.C.   D D/F♯ G
So honey oh,___

A   D D/F♯ G
Take me into your loving arms,___

A   D   D/F♯ G
Kiss me under the light of a thousand stars,

A   D D/F♯
Place your head on my beating heart.___

     G A
I'm thinking out loud

     Bm A G D/F♯ Em A D
That maybe we found love right where we are.

Verse 2

D D/F♯   G   A
 When my hair's all but gone and my memory fades

D D/F♯   G A
 And the crowds don't remember my name.

D D/F♯   G   A
 When my hands don't play the strings the same way,

 D D/F♯   G A
Mmm,___ I know you will still love me the same.

Pre-chorus 2

(A)   D D/F♯   G A
'Cause honey your soul could never grow old,

       D D/F♯ G A
It's evergreen,

      D D/F♯   G A   D D/F♯
And, baby, your smile's forever in___ my mind and memory.___

G   A   Em   A7 D
 I'm thinking 'bout how people fall in love in my - sterious ways,

Em   A7
Maybe it's all part of a plan.

  Em   A7   Bm
Well, I'll just keep on making the same mis - takes,

Em   A7
Hoping that you'll under - stand.

279

Chorus 2

N.C.   D D/F♯ G
But, baby, now,___

A   D D/F♯ G
Take me into your loving arms,___

A   D   D/F♯ G
Kiss me under the light of a thousand stars,

A   D D/F♯
Place your head on my beating heart.___

           G A
Thinking out___ loud

         Bm A   G D/F♯ Em   A D
That maybe we found love right where we are.

Instrumental ‖: D D/F♯ | G A | D D/F♯ | G A   :‖

Chorus 3

(A)   D D/F♯ G
So, baby, now,___

A   D D/F♯ G
Take me into your loving arms,___

A   D   D/F♯
Kiss me under the light of a thousand stars,

     G   A   D D/F♯
Oh, darling, place your head on my beating heart.___

           G A
I'm thinking out___ loud

         Bm A   G D/F♯ Em   A D
That maybe we found love right where we are.

         Bm A   G D/F♯ Em   A D
Oh, baby, we found love right where we are.

        Bm A   G D/F♯ Em   A D
And we found love right where we are.

Torn

Words & Music by Anne Preven, Phil Thornalley & Scott Cutler

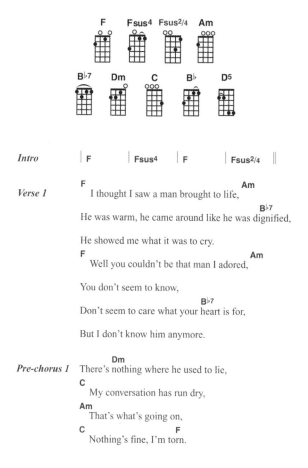

Intro | F | Fsus⁴ | F | Fsus²/⁴   ‖

Verse 1
    F
     I thought I saw a man brought to life,   **Am**

He was warm, he came around like he was dignified, **B♭7**

He showed me what it was to cry.
    F
     Well you couldn't be that man I adored,   **Am**

You don't seem to know,

Don't seem to care what your heart is for, **B♭7**

But I don't know him anymore.

Pre-chorus 1
    Dm
There's nothing where he used to lie,
C
    My conversation has run dry,
Am
    That's what's going on,
C   **F**
    Nothing's fine, I'm torn.

Chorus 1

          C
I'm all out of faith,

         Dm
This is how I feel,

              B♭
I'm cold and I am shamed

           F
Lying naked on the floor.

           C   Dm
Illusion never changed into something real,

           B♭   F
Wide awake and I __ can see the perfect sky is torn,

         C
You're a little late,

         Dm
I'm already torn.

Verse 2

F   Am
   So I guess the fortune teller's right.

I should have seen just what was there

         B♭7
And not some holy light,

But you crawled beneath my veins.

Pre-chorus 2

           Dm
And now I don't care, I had no luck,

C
   I don't miss it all that much,

Am
   There's just so many things

C   F
   That I can search, I'm torn.

Chorus 2   As Chorus 1

Dm   B♭
Torn

D5   F   C
Oo, oo, oo. _____

Pre-chorus 3

     Dm
There's nothing where he used to lie,

     C
   My inspiration has run dry,

Am
   That's what's going on,

     C   **F**
   Nothing's right, I'm torn.

Chorus 3

               C
I'm all out of faith,

          Dm
This is how I feel,

               B♭
I'm cold and I am shamed,

             F
Lying naked on the floor.

               C   **Dm**
Illusion never changed into something real,

         B♭   **F**
Wide awake and I _ can see the perfect sky is torn.

Chorus 4

               C
I'm all out of faith,

          Dm
This is how I feel,

               B♭
I'm cold and I'm ashamed,

                 F
Bound and broken on the floor.

          C
You're a little late,

          Dm   **B♭**
I'm already torn...

Dm   **C**
Torn...

Repeat Chorus ad lib. to fade

Twist And Shout

Words & Music by Bert Russell & Phil Medley

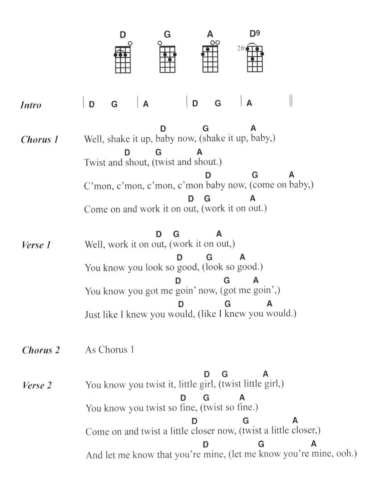

Intro | D G | A | D G | A ‖

Chorus 1
                       D   G   A
Well, shake it up, baby now, (shake it up, baby,)
            D   G   A
Twist and shout, (twist and shout.)
                            D   G   A
C'mon, c'mon, c'mon, c'mon baby now, (come on baby,)
                     D G   A
Come on and work it on out, (work it on out.)

Verse 1
                 D G   A
Well, work it on out, (work it on out,)
                    D   G   A
You know you look so good, (look so good.)
                       D   G   A
You know you got me goin' now, (got me goin',)
                    D   G   A
Just like I knew you would, (like I knew you would.)

Chorus 2 As Chorus 1

Verse 2
                       D G   A
You know you twist it, little girl, (twist little girl,)
                   D   G   A
You know you twist so fine, (twist so fine.)
                          D   G   A
Come on and twist a little closer now, (twist a little closer,)
                     D   G   A
And let me know that you're mine, (let me know you're mine, ooh.)

| *Middle* | D G | A G | D G | A G | |
| | D G | A G | D G | A | |

(A)
Ah, ah, ah, ah.

Chorus 3
                          D   **G**   **A**
Well, shake it up, baby now, (shake it up, baby,)
          D   **G**   **A**
Twist and shout, (twist and shout.)
                        D   **G**   **A**
C'mon, c'mon, c'mon, c'mon baby now, (come on baby,)
                  D G   **A**
Come on and work it on out, (work it on out.)

Verse 3
                           D G   **A**
You know you twist it, little girl, (twist little girl,)
                 D G   **A**
You know you twist so fine, (twist so fine.)
                    D   **G**   **A**
Come on and twist a little closer now, (twist a little closer,)
                  D   **G**   **A**
And let me know that you're mine, (let me know you're mine, ooh.)

Outro
                       D   **G**   **A**
Well, shake it, shake it, shake it baby now, (shake it up baby,)
                       D   **G**   **A**
Well, shake it, shake it, shake it baby now, (shake it up baby,)
                       D   **G**   **A**
Well, shake it, shake it, shake it baby now, (shake it up baby,)
A   **D D9**
Ah, ah, ah, ah.

Unchained Melody

Words by Hy Zaret
Music by Alex North

Verse 1

    C   Am   F
Oh, my___ love, my darling,
       G   C
I've hungered for your touch
  Am   G
A long, lonely time.
     C   Am   F
And time goes___ by so slowly,
     G   C
And time can do so much,
  Am   G
Are___ you still mine?
  C   G
I __ need your love,
  Am   Em
I need your love,
     F   G C   C7
God - speed your love to me.

Chorus 1

  F   G   F   E♭
Lonely rivers flow to the sea, to the sea,
  F   G   C
To the open arms of the sea, yeah.
  F   G   F   E♭
Lonely rivers sigh, wait for me, wait for me,
  F   G   C
I'll be coming home, wait for me.

Verse 2

(C) **Am**   **F**
Oh, my___ love, my darling,

  G   **C**
I've hungered, hungered for your touch

 Am   **G**
A long, lonely time.

  C   **Am** **F**
And time goes___ by so slowly,

  G   **C**
And time can do so much,

  Am **G**
Are you still mine?

  C   **G** **Am**   **Em**
I need your love, I,___ I need your love,

  F   **G7** **C**
God - speed your love to me___

Outro | (C) | **Am** | **F** **Fm** | C ||
Slowing down
to end

287

Use Somebody

Words & Music by Caleb Followill, Nathan Followill, Jared Followill & Matthew Follow

Csus2   F   Am   D5   F#5   B5

Intro   ‖: Csus2 | Csus2 | F | F :‖

          ‖: Am | Csus2 | F | F :‖

Verse 1
(F)   Csus2   F
I've been roaming a - round always looking down at all I see.
              Csus2   F
Painted faces fill the places I can't reach.
                          Am   Csus2 F
You know that I could use somebody,
                          Am   Csus2 F
You know that I could use somebody.

Verse 2
(F)   Csus2   F
Someone like you and all you know and how you speak.
              Csus2   F
Countless lovers under - cover of the street.
                          Am   Csus2 F
You know that I could use somebody,
                          Am   Csus2 F
You know that I could use somebody,

Someone like you.

Link 1   ‖: Csus2 | Csus2 | F | F :‖

           ‖: Am | Csus2 | F | F :‖

Verse 3

(F)   **Csus2**   **F**
Off in the night, while you live it up I'm off to sleep.

        Csus2   **F**
Waging wars to shake the poet and the beat.

                  Am   **Csus2** **F**
I hope it's gonna make you notice,

                  Am   **Csus2** **F**
I hope it's gonna make you notice,

                 Csus2   **F**
Someone like me.

                 Csus2   **F**
Someone like me.

              Am
Someone like me,

                Csus2 **F** **Am** **Csus2** **F**
Somebody.

Bridge

D5   **F#5**
  Go and let it out, go and let it out,

                        D5
Go and let it out, go and let it out,

                        F#5
Go and let it out, go and let it out,

             B5
Go and let it out, go and let it out.

Outro

| **Csus2** | **Csus2** | **F** | | **F** | |

| **Csus2** | **Csus2** | **F** | ‖

F   **Am**
Someone like you,

          Csus2 **F**
Somebody.

                Am
Someone like you,

          Csus2 **F**
Somebody.

                Am
Someone like you,

          Csus2 **F**
Somebody.

                  Csus2
I've been roaming a - round,

                    F
Always lookin' down at all I see.

Video Games

Words & Music by Elizabeth Grant & Justin Parker

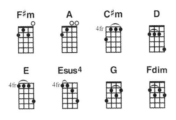

Intro

| F♯m A | F♯m A | C♯m D | D |

| F♯m A | F♯m A | C♯m D | F♯m   ‖

Verse 1

F♯m   A   F♯m   A   C♯m   D
Swinging in the backyard, pull up in your fast car whistling my name.

F♯m   A   F♯m   A   C♯m D   F♯m
Open up a beer and you say, "Get over here and play a video game."_____

            F♯m   A
I'm in his favorite sun dress,

F♯m   A   C♯m   D
Watching me get undressed, take that body downtown.

F♯m   A
I say, "You the bestest."

F♯m   A   C♯m   D   F♯m
Lean in for a big kiss, put his favourite perfume on.

          C♯m D
Go play a video game.

Chorus 1

     E
It's you, it's you, it's all for you,

Esus4   **D**
Everything I do, I tell you all the time,

                  A
Heaven is a place on earth where you

          G   **F♯m**
Tell me all the things you want to do.

          A
I heard that you like the bad girls,

D
Honey, is that true?

          A
It's better than I ever even knew,

          G   **F♯m**
They say that the world was built for two.

          A   **D**   **Fdim**
Only worth living if some - body is loving you.

          (F♯m)
And baby, now you do.

Link | F♯m A | F♯m A | C♯m D | D   ‖

Verse 2

F♯m   **A**   **F♯m**   **A**   **C♯m**   **D**
Singing in the old bars, swinging with the old stars, living for the fame.

F♯m   **A**   **F♯m**   **A**   **C♯m** **D**   **F♯m**
Kissing in the blue dark, playing pool and wild darts, video games.

               A
He holds me in his big arms,

F♯m   **A**   **C♯m**   **D**
Drunk and I am seeing stars, this is all I think of.

F♯m   **A**   **F♯m**   **A**
Watching all our friends fall in and out of Old Paul's,

C♯m   **D**   **F♯m**
This is my idea of fun.

        C♯m **D**
Playing video games.

Chorus 2

      E
It's you, it's you, it's all for you,

Esus⁴   **D**
Everything I do, I tell you all the time,

                      A
Heaven is a place on earth where you

              G   **F♯m**
Tell me all the things you want to do.

                A
I heard that you like the bad girls,

D
Honey, is that true?

                A
It's better than I ever even knew,

              G   **F♯m**
They say that the world was built for two.

          A   **D**   **Fdim**
Only worth living if some - body is loving you.

                (F♯m)
And baby, now you do.

Bridge 1

F♯m   **A**   **F♯m A**   **C♯m D**
  Now, now you do, now you do, now you do.

F♯m   **A**   **F♯m A**   **C♯m D**   **F♯m**
  Now, now you do, now you do, now you do.

Chorus 3   As Chorus 1

Bridge 2

F♯m   **A**   **F♯m A**   **C♯m D**
  Now, now you do, now you do, now you do.

          F♯m
Now you do.

      A   **F♯m A**   **C♯m D**   **F♯m**
Now, now you do, now you do, now you do.

Outro | **F♯m A** | **F♯m A** | **C♯m D** | **D** | |

              | **F♯m A** | **F♯m A** | **C♯m D** | **F♯m** |‖

Walking On Sunshine

Words & Music by Kimberley Rew

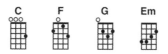

To match recording tune ukulele down one tone

Intro | C   F|F |G   F|F   ‖

Verse 1
C   F   G
I used to think maybe you love me,
     F   C   F   G   F
Now, baby, I'm sure.
         C   F   G
And I just can't wait 'til the day
             F   C   F   G   F
When you knock down the door!
        C   F   G
Now, ev'ry time I go for the mail - box,
     F   C   F   G   F
Got-ta hold myself down,
        C   F   G
'Cause I just can't wait 'til you write me
     F   C   F   G   F
You're coming around.___

Chorus 1
     (F)   Em   F
I'm walking on sunshine, woah.___
     (F)   Em   F
I'm walking on sunshine, woah.___
     (F)   Em   F
I'm walking on sunshine, woah___ and
             C   F G
Don't it feel good? Hey,   alright now,
     F   C   F   G   F
And don't it feel good? Yeah, oh, yeah, and don't it feel good.

Verse 2

  C   F   G
I used to think maybe you love me,

    F   C F   G   F
Now, I know that it's true.

   C   F   G
And I don't want to spend my whole life

    F   C   F   G   F
Just a waiting for you!

    C   F   G
Now, I don't want you back for the week - end,

    F   C   F   G   F
Not back for a day,   a-no no-no.

     C   F   G
I said, baby I just want you back,

    F   C   F   G   F
And I want you to stay.——

Chorus 2

  (F)   Em   F
I'm walking on sunshine, woah.——

   (F)   Em   F
I'm walking on sunshine, woah.——

   (F)   Em   F
I'm walking on sunshine, woah—— and

        C   F G
Don't it feel good? Hey, alright now,

    F   C   F   G
And don't it feel good? Yeah, oh, yeah!

    F   C
And don't it feel good?

Instrumental ‖: (C) F │ F   │ G   F │ F   :‖

Bridge 1

(F)   C   F   G
Walking on sunshine.___

F   C   F   G   F
Walking on sunshine.___

       C   F
I feel alive, I feel alive,

        G   F
I feel the love, that's really real!

       C   F
I feel alive, I feel alive,

        G   F
I feel the love, that's really real!

       C   F   G   F
I'm on sunshine, baby. Oh, oh, yeah,

       C   F   G
I'm on sunshine, baby. Oh,

Chorus 3

     F   Em   F
I'm walking on sunshine, woah.___

(F)   Em   F
I'm walking on sunshine, woah.___

(F)   Em   F
I'm walking on sunshine, woah ___ and

           C   F G
Don't it feel good? Hey,   alright now,

   F
And don't it feel

Outro

‖: C   F | F | G   F | F   :‖   *Repeat ad lib. to fade*
Good?

Weather With You

Words & Music by Neil Finn & Tim Finn

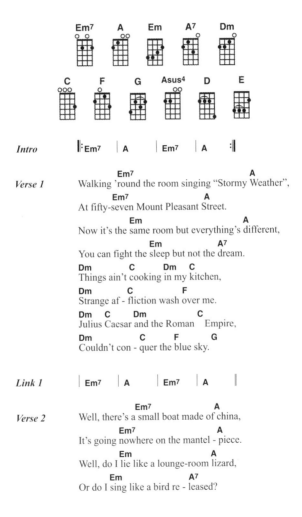

Intro
‖: Em⁷ | A | Em⁷ | A :‖

Verse 1
              Em⁷   **A**
Walking 'round the room singing "Stormy Weather",
          Em⁷   **A**
At fifty-seven Mount Pleasant Street.
               Em   **A**
Now it's the same room but everything's different,
               Em   **A⁷**
You can fight the sleep but not the dream.
Dm   **C**   **Dm** **C**
Things ain't cooking in my kitchen,
Dm   **C**   **F**
Strange af - fliction wash over me.
Dm **C**   **Dm**   **C**
Julius Caesar and the Roman   Empire,
Dm   **C**   **F**   **G**
Couldn't con - quer the blue sky.

Link 1
| Em⁷ | A | Em⁷ | A ‖

Verse 2
              Em⁷   **A**
Well, there's a small boat made of china,
              Em⁷   **A**
It's going nowhere on the mantel - piece.
               Em   **A**
Well, do I lie like a lounge-room lizard,
             Em   **A⁷**
Or do I sing like a bird re - leased?

<table>
<tr><td>*Chorus 1*</td><td>

Asus⁴   **D**
Everywhere you go you always take the weather with you,
Asus⁴   **D**
Everywhere you go you always take the weather.
Asus⁴   **G**
Everywhere you go you always take the weather with you,
          D   **G**
Everywhere you go you always take the weather,
 A
The weather with you.

</td></tr>
</table>

Link 2 ‖: Em⁷ | A | Em⁷ | A :‖

<table>
<tr><td>*Chorus 2*</td><td>

Asus⁴   **D**
Everywhere you go you always take the weather with you,
Asus⁴   **D**
Everywhere you go you always take the weather.
Asus⁴   **G**
Everywhere you go you always take the weather with you,
          D   **E**
Everywhere you go you always take the weather,
     G   **A**   **D**
Take the weather, take the weather with you.

</td></tr>
</table>

Link 3 ‖: Em⁷ | A | Em⁷ | A :‖

Chorus 3 As Chorus 2 *(w/ vocal ad. lib)*

What's Up

Words & Music by Linda Perry

A	Bm	D	Dsus2	Asus2	Dsus4

Intro |A |Bm |D Dsus2|A Asus2|A Asus2|Bm |D Dsus2|A Asus2|

Verse 1

    A   **Asus2**
   25 years of my life and still

Bm   **D**
I'm trying to get up that great big hill of hope

   Dsus2 **A**
For a destin - ation.

Asus2 **A**
  And I realised quickly when I knew I should

Asus2 **Bm**
That the world was made up of this

             D
Brotherhood of man,

      Dsus2 **A**
For whatever that means.

Pre-chorus 1

Asus2 **A**
And so I cry sometimes when I'm lying in bed

Asus2 Bm
Just to get it all out, what's in my head

      D   **Dsus2 A**
And I,   I am feeling a little peculiar.

Asus2 **A**
And so I wake in the morning and I step

     Asus2 Bm
Outside and I   take deep breath

And I get real high

    D
And I   scream from the top of my lungs,

       Dsus2 **A**
"What's goin'   on?"

Chorus 1

      Asus² A   **Asus²**
And I   say, "Hey, yeah, yeah, yeah,

Bm
Hey, yeah, yeah."

       D   **Dsus² A**
I said "Hey, what's goin'   on?"

      Asus² A   **Asus²**
And I say,   "Hey, yeah, yeah, yeah,

Bm
Hey, yeah, yeah."

       D   **Dsus² A**
I said "Hey, what's goin'   on?"

Link 1

‖: A   Asus² | Bm | D   Dsus² | A   Asus² :‖

Verse 2

      A   **Asus² Bm**
And I try, oh my God do I   try,

       D
I try all the time

      Dsus² A
In this insti - tution.

Asus² A   **Bm**
And I pray, oh my God do I pray,

       D
I pray every single day

      Dsus² A
For a revo - lution.

Pre-chorus 2   As Pre-chorus 1

Chorus 2   As Chorus 1

Link 2 | A   Asus² | Bm | D   Dsus² | A   Asus² ‖

Outro

A   **Asus²**
  25 years and my life is still,

   Bm   **D**
I'm trying to get up that great big hill of hope

   Dsus⁴ D   **Dsus² A**
For a   des - ti - nation.

Wherever You Will Go

Words & Music by Aaron Kamin & Alex Band

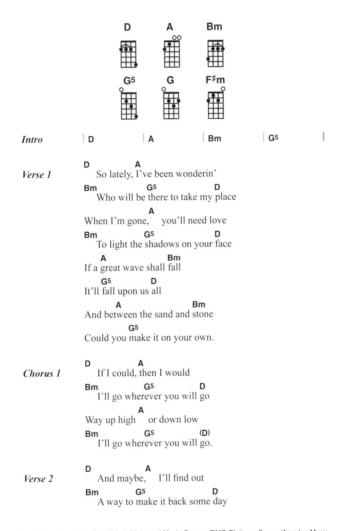

Intro | D | A | Bm | G5 |

Verse 1

    D   A
    So lately, I've been wonderin'
Bm   G5   D
    Who will be there to take my place
               A
When I'm gone,   you'll need love
Bm   G5   D
    To light the shadows on your face
      A   Bm
If a great wave shall fall
      G5   D
It'll fall upon us all
         A   Bm
And between the sand and stone
         G5
Could you make it on your own.

Chorus 1

    D   A
    If I could, then I would
Bm   G5   D
    I'll go wherever you will go
           A
Way up high   or down low
Bm   G5   (D)
    I'll go wherever you will go.

Verse 2

    D   A
    And maybe,   I'll find out
Bm   G5   D
    A way to make it back some day

cont.

    D   A
    To watch you,   to guide you

Bm   G5   D
    Through the darkest of your days

    A   Bm
If a great wave shall fall

    G5   D
It'll fall upon us all

    A   Bm
Well I hope there's someone out there

          G5
Who can bring me back to you.

Chorus 2   As Chorus 1

Bridge

G   A
Run away with my heart

F#m   Bm
Run away with my hope

G   A   F#m
Run away with my love.

Verse 3

D   A
    I know now,   just quite how

Bm   G5   D
    My life and love might still go on

          A
In your heart,   in your mind

Bm   G5   D
    I'll stay with you for all of time.

Chorus 3   As Chorus 1

Chorus 4

D   A   Bm
    If I could turn back time

          G5   D
    I'll go wherever you will go

         A   Bm
    If I could make you mine

          G5   D
    I'll go wherever you will go.

Outro |: D | A | Bm | G5   :|
    go.

Whiskey In The Jar

Traditional
Arranged by Phil Lynott, Brian Downey & Eric Bell

G   F   Em   C   D

Intro | N.C. G F | Em | Em | G | G   F |

| Em | Em | G | G |

Verse 1
    G   **Em**
As I was goin' over the Cork and Kerry mountains
    C   **G**
I saw Captain Farrell and his money he was countin'.
                         Em
I first produced my pistol and then produced my rapier
     C   **G**
I said   "Stand and deliver or the devil he may take ya."

Chorus 1
      D
Musha ray dum a doo dum a da
C
   Whack for my daddy-o,

Whack for my daddy-o
      G   **F**
There's whiskey in the jar-o.

Instrumental 1 | Em | Em | G | G   F | Em | Em | G | G |

Verse 2
    G   **Em**
I took all of his money and it was a pretty penny
    C   **G**
I took all of his money and I brought it home to Molly.
                   Em
She swore that she'd love me, never would she leave me
    C   **G**
But the devil take that woman for you know she trick me easy.

Chorus 2

       D
Musha ray dum a doo dum a da
  C
    Whack for my daddy-o,

Whack for my daddy-o
     G   **F**
There's whiskey in the jar-o.

Guitar Solo

Em	Em	G	G	Em	Em	C	C	
G	G	G	G	Em	Em	C	C	
G	G	D	D	C	C	C	C	
G	G	F Em	Em	G		
G	F Em	Em	G	G		

Verse 3

G   **Em**
Being drunk and weary I went to Molly's chamber
C   **G**
Takin' my money with me and I never knew the danger.
               Em
For about six or maybe seven in walked Captain Farrell
     C   **G**
I jumped up, fired off my pistols and I shot him with both barrels.

Chorus 3

       D
Musha ray dum a doo dum a da
  C
    Whack for my daddy-o,

Whack for my daddy-o
     G   **F**
There's whiskey in the jar-o.

Instrumental 2 | Em | Em | G | G | F | Em | Em | G | G | |

Verse 4

G   Em

Now some men like the fishin' and some men like the fowlin',

C   G

And some men like to hear a cannon ball a roarin'.

                          Em

Me, I like sleepin' especially in my Molly's chamber,

C   G

But here I am in prison, here I am with a ball and chain, yeah.

Chorus 4

          D

Musha ray dum a doo dum a da

C

   Whack for my daddy-o,

Whack for my daddy-o

          G   F

There's whiskey in the jar-o.

Outro   ‖: Em | Em | G | G   F :‖   *Repeat to fade*

The Winner Takes It All

Words & Music by Benny Andersson & Björn Ulvaeus

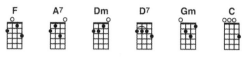

F   A7   Dm   D7   Gm   C

To match original recording tune ukulele up one semitone

Intro   ‖: F | F A7 | Dm | Dm D7 |

| Gm | Gm | C | C   :‖

Verse 1
       C   F
I don't wanna talk
                   C
About the things we've gone through,
                  Gm
Though it's hurting me,
           C
Now it's history.
              F
I've played all my cards
                   C
And that's what you've done too.
             Gm
Nothing more to say,
            C
No more ace to play.

Chorus 1
                 F
The winner takes it all,
       A7   Dm
The loser standing   small
      D7   Gm
Beside the victory,
             C
That's her destiny.

Verse 2

       F   **C**
I was in your arms thinking I ⎯ belonged there,

            Gm   **C**
I figured it made sense, building me a fence.

          F   **C**
Building me a home, thinking I'd be strong there,

           Gm   **C**
But I was a fool, playing by the rules.

Link 1

              F
The Gods may throw the dice,

     A7   **Dm**
Their minds as cold as ice,

     D7   **Gm**
And someone way down here

        C
Loses someone dear.

Chorus 2

          F
The winner takes it all,

     A7   **Dm**
The loser has to fall,

   D7   **Gm**
It's simple and it's plain,

        C
Why should I complain?

Verse 3

        F   **C**
But tell me   does she kiss like I used to kiss you?

            Gm   **C**
Does it feel the same when she calls your name?

          F   **C**
Somewhere deep inside, you must know I miss you,

         Gm   **C**
But what can I say? Rules must be obeyed.

Link 2

              F
The judges will decide,

     A7   **Dm**
The likes of me abide,

     D7   **Gm**
Spectators of the show

        C
Always staying low.

Chorus 3

               F
The game is on again,

  A⁷   Dm
A lover or a   friend,

  D⁷   Gm
A big thing or a small,

               C
The winner takes it all.

Verse 4

             F
I don't wanna talk

        C
If it makes you feel sad.

        Gm
And I understand

             C
You've come to shake my hand.

     F
I apologise

        C
If it makes you feel bad

        Gm
Seeing me so tense,

      C
No self-confidence.

Outro

But you see

          F   A⁷ Dm
The winner takes it all, _____

  D⁷   Gm   C
The winner takes it all. _____

| ‖: F | F A⁷ | Dm | Dm D⁷ |
| Gm | Gm | .| C | C :‖ |

Repeat to fade

307

Wild World

Words & Music by Cat Stevens

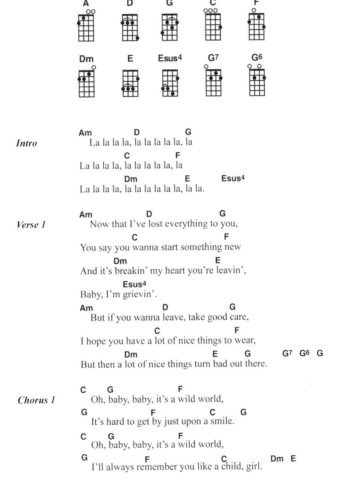

	Am D G
Intro	La la la la, la la la la la, la

```
                        C              F
La la la la, la la la la la, la
                 Dm               E         Esus4
La la la la, la la la la la, la.
```

Verse 1
```
        Am              D               G
        Now that I've lost everything to you,
                    C                        F
You say you wanna start something new
            Dm            E
And it's breakin' my heart you're leavin',
        Esus4
Baby, I'm grievin'.
        Am              D               G
        But if you wanna leave, take good care,
                        C
I hope you have a lot of nice things to wear,
        Dm                E       G       G7  G6  G
But then a lot of nice things turn bad out there.
```

Chorus 1
```
        C    G              F
        Oh, baby, baby, it's a wild world,
G                 F              C     G
        It's hard to get by just upon a smile.
        C    G              F
        Oh, baby, baby, it's a wild world,
G                 F                C           Dm  E
        I'll always remember you like a child, girl.
```

Verse 2

Am   **D**   **G**

Am
   You know I've seen a lot of what the world can do

         C   **F**
And it's breakin' my heart in two

            Dm   **E**
Because I never wanna see you a sad girl,

            Esus4
Don't be a bad girl.

Am   **D**   **G**
   But if you wanna leave, take good care,

                C   **F**
I hope you make a lot of nice friends out there,

           Dm   **E**   **G**   **G7** **G6** **G**
But just remember there's a lot of bad and beware.

Chorus 2   As Chorus 1

Solo | **Am** | **D** | **G** |

                     C   **F**
La la la la, la la la la la, la

                   Dm   **E**
La la la la, la la la la la la, la la.

Verse 3

           Esus4
Baby, I love you,

Am   **D**   **G**
   But if you wanna leave, take good care,

                C   **F**
I hope you make a lot of nice friends out there,

           Dm   **E**   **G**   **G7** **G6** **G**
But just remember there's a lot of bad and beware.

Chorus 3   As Chorus 1

Chorus 4

C   **G**   **F**
   Oh, baby, baby, it's a wild world,

G   **F**   **C**   **G**
   And it's hard to get by just upon a smile.

C   **G**   **F**   **N.C.**
   Oh, baby, baby, it's a wild world,

           G   **Dm**   **C**
And I'll always remember you like a child, girl.

Wonderful Tonight

Words & Music by Eric Clapton

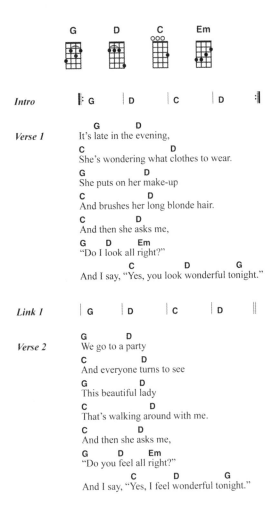

Intro   ‖: G | D | C | D   :‖

Verse 1
　　　　　G　　　　D
It's late in the evening,
C　　　　　　　　　D
She's wondering what clothes to wear.
G　　　　　　　D
She puts on her make-up
C　　　　　　　D
And brushes her long blonde hair.
C　　　　　　D
And then she asks me,
G　　　D　　Em
"Do I look all right?"
　　　　　　　C　　　　　D　　　　　G
And I say, "Yes, you look wonderful tonight."

Link 1 | G | D | C | D   ‖

Verse 2
G　　　　　D
We go to a party
C　　　　　　D
And everyone turns to see
G　　　　　　D
This beautiful lady
C　　　　　　D
That's walking around with me.
C　　　　D
And then she asks me,
G　　　D　　Em
"Do you feel all right?"
　　　　　　C　　　　D　　　　G
And I say, "Yes, I feel wonderful tonight."

Bridge

    C   D
I feel wonderful because I see

    G   D   Em
The love-light in your eyes,

         C   D
And the wonder of it all

            C   D   G
Is that you just don't realise how much I love you.

Link 2

‖: G | D | C | D   :‖

Verse 3

G   D
It's time to go home now

C   D
And I've got an aching head,

G   D
So I give her the car keys,

C   D
She helps me to bed.

C   D
And then I tell her

G D   Em
As I turn out the light,

           C   D   G   D Em D
I say, "My darling, you were wonderful tonight.

          C   D   G
Oh my darling, you were wonderful tonight."

Coda

‖: G | D | C | D   :‖ G   ‖

Yellow

Words & Music by Guy Berryman, Jonny Buckland, Will Champion & Chris Martin

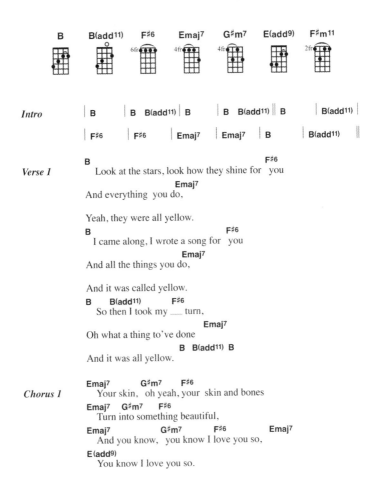

Intro | B | B B(add11) | B | B B(add11) | B | B(add11) |

| F♯6 | F♯6 | Emaj7 | Emaj7 | B | B(add11) ||

Verse 1

       B   F♯6
Look at the stars, look how they shine for you

                     Emaj7
And everything you do,

Yeah, they were all yellow.

B   F♯6
  I came along, I wrote a song for you

                  Emaj7
And all the things you do,

And it was called yellow.

B   B(add11)   F♯6
  So then I took my __ turn,

                   Emaj7
Oh what a thing to've done

                         B B(add11) B
And it was all yellow.

Chorus 1

Emaj7   G♯m7   F♯6
Your skin, oh yeah, your skin and bones

Emaj7   G♯m7   F♯6
  Turn into something beautiful,

Emaj7   G♯m7   F♯6   Emaj7
  And you know, you know I love you so,

E(add9)
  You know I love you so.

Link 1		B		B		F#6		F#6	
		Emaj7		Emaj7		B		B	‖

Verse 2

B   F#6
I swam across, I jumped across for   you,

                   Emaj7
Oh, what a thing to do

'Cause you were all yellow.

B   B(add11)   F#6
I drew a line, I drew a line for you,

                 Emaj7
Oh, what a thing to do

                  B B(add11) B
And it was all yellow.

Chorus 2

Emaj7   G#m7   F#6
Your skin,   oh yeah, your skin and bones

Emaj7   G#m7   F#6
Turn into something beautiful,

Emaj7   G#m7   F#6   Emaj7
And you know, for you I bleed myself dry,

E(add9)
For you I bleed myself (dry.)

Link 2		B		B		F#6		F#6	
	dry.								
		Emaj7		Emaj7		B		B	‖

Coda

     B   F#6
It's true, look how they shine for you,

                         Emaj7
Look how they shine for you, look how they shine for,

B   F#6
  Look how they shine for you,

                      Emaj7
Look how they shine for you, look how they shine.

B
  Look at the stars,

                   F#m11
Look how they shine for you

                  Emaj7
And all the things that you __ do.

Yesterday

Words & Music by John Lennon & Paul McCartney

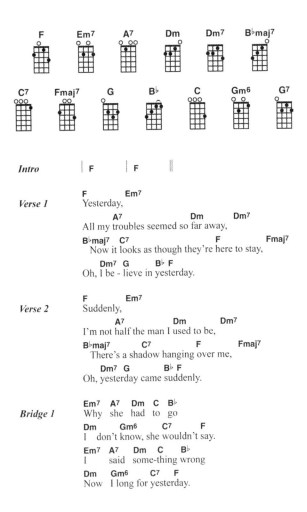

Intro | F | F   ‖

Verse 1
F   Em7
Yesterday,
            A7   Dm   Dm7
All my troubles seemed so far away,
B♭maj7 C7   F   Fmaj7
    Now it looks as though they're here to stay,
        Dm7 G   B♭ F
Oh, I be - lieve in yesterday.

F   Em7
Suddenly,

Verse 2
            A7   Dm   Dm7
I'm not half the man I used to be,
B♭maj7   C7   F   Fmaj7
    There's a shadow hanging over me,
        Dm7 G   B♭ F
Oh, yesterday came suddenly.

Em7   A7   Dm   C   B♭

Bridge 1
Why   she   had   to   go
Dm   Gm6   C7   F
I   don't know, she wouldn't say.
Em7   A7   Dm   C   B♭
I   said   some-thing wrong
Dm   Gm6   C7   F
Now   I long for yesterday.

Verse 3

F   Em⁷
Yesterday,

          A⁷   Dm   Dm⁷
Love was such an easy game to play,

B♭maj⁷ C⁷   F   Fmaj⁷
  Now I need a place to hide away

     Dm⁷ G   B♭ F
Oh, I be - lieve in yesterday.

Bridge 2

Em⁷ A⁷ Dm C B♭
Why she had to go

Dm   Gm⁶   C⁷   F
I   don't know, she wouldn't say.

Em⁷ A⁷ Dm C   B♭
I   said some-thing wrong

Dm   Gm⁶   C⁷   F
Now I long for yesterday.

Verse 4

F   Em⁷
Yesterday,

          A⁷   Dm   Dm⁷
Love was such an easy game to play,

B♭maj⁷ C⁷   F   Fmaj⁷
  Now I need a place to hide away,

     Dm⁷ G   B♭ F
Oh, I be - lieve in yesterday,

F G⁷ B♭ F
Mmm. _____

315

Wonderwall

Words & Music by Noel Gallagher

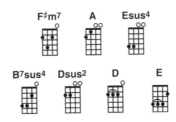

Intro

‖: F♯m7 A │ Esus4 │ B7sus4 │ F♯m7 A │ Esus4 │ B7sus4 :‖

Verse 1

F♯m7   A
Today is gonna be the day
                Esus4   B7sus4
That they're gonna throw it back to you,
F♯m7   A
By now you should have somehow
    Esus4   B7sus4
Realised what you gotta do.
F♯m7   A   Esus4   B7sus4
I don't believe that anybody feels the way I do
                Dsus2 Esus4 │ B7sus4 ‖
About you now.

Verse 2

F♯m7   A
Back beat, the word is on the street
          Esus4   B7sus4
That the fire in your heart is out,
F♯m7   A
I'm sure you've heard it all before,
      Esus4   B7sus4
But you never really had a doubt.
F♯m7   A   Esus4   B7sus4
I don't believe that anybody feels the way I do
                F♯m7 A │ Esus4 B7sus4 ‖
About you now.

Bridge 1

     D   **E**   **F♯m⁷**
And all the roads we have to walk are winding,

     D   **E**   **F♯m⁷**
And all the lights that lead us there are blinding,

D   **E**   **A**   **E** **F♯m⁷**
There are many things that I would like to say to you

    A   **B⁷sus⁴**
But I don't know how.

Chorus 1

        Dsus²   **F♯m⁷** | **A**
Because maybe,

    F♯m⁷   **Dsus²**   **F♯m⁷ A**
You're gonna be the one that saves me,

    F♯m⁷ Dsus² **F♯m⁷** | **A**
And after all,

        F♯m⁷ **Dsus²** **F♯m⁷** | **A**   **F♯m⁷** | **N.C. B⁷sus⁴** ‖
You're my wonderwall.

Verse 3

F♯m⁷   **A**
Today was gonna be the day,

         Esus⁴   **B⁷sus⁴**
But they'll never throw it back at you,

F♯m⁷   **A**
By now you should have somehow

    Esus⁴   **B⁷sus⁴**
Realised what you're not to do.

F♯m⁷   **A**   **Esus⁴**   **B⁷sus⁴**
I don't believe that anybody feels the way I do

        F♯m⁷ A | **Esus⁴ B⁷sus⁴** ‖
About you now.

Bridge 2

     D   **E**   **F♯m⁷**
And all the roads that lead you there were winding,

        D   **E**   **F♯m⁷**
And all the lights that light the way are blinding,

D   **E**   **A**   **E** **F♯m⁷**
There are many things that I would like to say to you

    A   **B⁷sus⁴**
But I don't know how.

317

Chorus 2   Dsus²   F♯m⁷ │A
               I said maybe
                 F♯m⁷   Dsus²   F♯m⁷ │A
               You're gonna be the one that saves me
                    F♯m⁷ Dsus² F♯m⁷ │A
               And after all
                           F♯m⁷ Dsus² F♯m⁷ │A F♯m⁷ ‖
               You're my wonderwall.

Chorus 3   As Chorus 2

                  Dsus²   F♯m⁷ │A
Outro   I said maybe
                 F♯m⁷   Dsus² F♯m⁷ │A
               You're gonna be the one that saves me,
                 F♯m⁷   Dsus²   F♯m⁷│A
               You're gonna be the one that saves me,
                 F♯m⁷   Dsus²   F♯m⁷│A F♯m⁷ ‖
               You're gonna be the one that saves me.

Instrumental ‖: Dsus² F♯m⁷ │ A F♯m⁷ │ Dsus² F♯m⁷ │ A F♯m⁷ :‖